Albert Stähli

DIE OSMANEN

Albert Stähli

DIE OSMANEN

700 Jahre türkische Größe und Großmannssucht

Frankfurter Allgemeine **Buch**

Bibliografische Information der Deutschen Nationalbibliothek
Die Deutsche Nationalbibliothek verzeichnet diese Publikation in der
Deutschen Nationalbibliografie; detaillierte bibliografische Daten sind im
Internet über http://dnb.d-nb.de abrufbar.

Frankfurter Allgemeine Buch

© FAZIT Communication GmbH
Frankfurter Allgemeine Buch, Frankenallee 71 – 81
60327 Frankfurt am Main

Umschlag: Julia Desch, Frankfurt am Main
Titelbild: © Marta Jonina – Fotolia.com
Satz: Wolfgang Barus, Frankfurt am Main
Druck: CPI books GmbH, Leck
Printed in Germany

1. Auflage
Frankfurt am Main 2017
ISBN 978-3-95601-228-0

Für Nada, Esther und Dusan

Inhalt

KAPITEL I

Zur Einführung

In der zweiten Hälfte des 13. Jahrhunderts spürt man in Europa nichts von dem politischen Tsunami, der sich im äußersten Südosten des Kontinents erhebt. Nur ausgesucht mutige Händler und Abenteurer wagen die gefahrvolle Reise über die Grenzen der Alten Welt hinaus nach Osten. Die Berichte der Rückkehrer sind farbig, ihre Schilderungen lebhaft. Sie rufen ungläubiges Erstaunen hervor. Aber kein Erschrecken, keine düstere Vorahnung. Im hohen Mittelalter Europas sind die Könige, Kirchenfürsten und stolzen Landesherren viel zu sehr mit Kabalen und Ränken beschäftigt, als erkennen zu können, dass jenseits des Bosporus ein Weltensturm aufzieht, der eines Tages mit wütender Kraft an den Toren Europas rütteln wird.

Noch fühlt sich Europa als Nabel der Welt. Hinter den Mauern des Vatikans schmieden christlicher Eifer und profane Herrschsucht wie jeher ihre heiligen Allianzen und unheiligen Intrigen. Draußen wird bis aufs Blut gekämpft. Der deutsche König Konrad IV und mit ihm Tausende von Söldnern fallen bei dem Versuch, das sizilianische Reich für die Staufer zu retten. Die Seerepubliken Venedig und Genua, Amalfi und Pisa opfern ihre Jugend in endlosen Scharmützeln. Englische und schottische Barone sind in Dauerfehden verstrickt. Schweden erobert den finnischen Nachbarn. Habsburg streitet gegen Böhmen, der böhmische König gegen seinen eigenen Adel, und die Aristokratie Europas gegen die erstarkenden Stadt- und Handelsmächte. Wie könnten die Völker in diesem zerrissenen, verblutenden und von gellendem Schlachtgetöse übertönten Europa erkennen, dass Tausende von Kilometern weiter östlich eine junge, fordernde und kämpferische Religion um ihren Platz im Menschheitsgefüge ringt?

Muslimische Araber – der venezianische Handelsreisende Marco Polo ist Augenzeuge – sind mit dem Schlachtruf Allahu Akbar („Gott ist größer") auf die indonesische Insel Sumatra eingefallen und haben die Lehre des Korans zur Staatsreligion erhoben. Im Nahen Osten hat die Fahne des Propheten bereits gesiegt. Mit der Eroberung der palästinensischen Hafenstadt Akkon durch die türkisch-ägyptischen Mamelucken sind den mittelalterlichen Großmächten die letzten politischen Gewinne der Kreuzzüge verloren gegangen. Und im nordwestlich gelegenen Kleinasien, so weiß Marco Polo aus sicherer Quelle, scharre ein türkischstämmiger Fürst immer mehr Gefolgsleute um sich. Osman Gazi sei sein Name. Auf den, so warnt der Weitgereiste, möge man gut achten.

Was sich damals wohl kein Zeitgenosse hat vorstellen können: Das von Osman Gazi begründete und von seinen Erben verwaltete Reich überdauert mehr als 600 Jahre. Erst 1923 wird das Osmanische Reich eher unfreiwillig in der modernen Türkei aufgehen. Europa und der Nachfolgestaat des Osmanischen Reichs versprechen einander gute Nachbarschaft. Tatsächlich hat sich die Türkei in den zurückliegenden einhundert Jahren für westliche Märkte, Sitten und Gebräuche geöffnet, war sogar auf einem guten Weg zur Mitgliedschaft in der Europäischen Union.

Doch der Traum von der Revitalisierung des einst so mächtigen Osmanischen Reiches lebt hinter der einst nach dem Eingang zum Sultanspalast Hohe Pforte genannten Stadt Istanbul offenbar weiter. Genährt wird er von der geostrategisch einzigartigen Lage des Landes an der Schwelle nach Asien, vom im Nahen Osten wieder entbrannten Islamismus und von der Machtfülle des türkischen Staatspräsidenten Erdogan. Angesichts dieser explosiven Mischung kommen unwillkürlich die Worte Marco Polos in den Sinn. Auf dieses Land und seine Anführer muss Europa achten.

600 Jahre lang lag ein tiefer Graben zwischen Europa und dem Osmanischen Reich. Die Europa prägenden Entwicklungen wie die Renaissance, die Aufklärung und der koloniale Imperialismus gingen an den Erben und Landsleuten Osman Gazis vorbei. Bis auf wenige herausragende Herrscher verstanden sich die osmanischen Sultane als Bewahrer von Glauben und Tradition und nicht als Modernisierer und Staatsmänner. Die folgenden Kapitel werden dies eindrucksvoll belegen. Allenfalls das Militär und die Staatsverwaltung hatten die Sultane in die Neuzeit führen wollen. Sie trachteten aber nicht danach, ihr Volk mitzunehmen. Für die Menschen verbesserte sich das Leben in vielen hundert Jahren nur graduell, und selbst die wenigen Erleichte-

rungen beschränkten sich weitgehend auf die Metropolen. Die Überzeugungskraft des Westens, ohnehin nur halbherzig eingesetzt, ging auf diesem Weg verloren.

Wer sich dieser Tage mit der Geschichte, den Errungenschaften und den Verfehlungen des Osmanischen Reiches auseinandersetzt, landet schnell bei der Politik der Gegenwart. Das ist auch gut so. Denn es ist unsere Aufgabe, aus der Geschichte zu lernen.

Über mehr als 600 Jahre hinweg lagen die Geschicke des Osmanischen Reiches in den Händen von Mitgliedern der Familie Osman Gazis. Eine solch langwährende genealogische Kontinuität ist historisch außerordentlich selten. Sie birgt Stärken und Schwächen, denn Kontinuität ist kein Wert an sich. Man muss verantwortlich damit umzugehen wissen.

Auf Osman I folgten Dutzende von Sultanen seines Geschlechtes, kühne Eroberer wie eitle Salonfürsten, weitsichtige Gestalter wie schwächliche Gallionsfiguren, die andere an ihrer Stelle regieren ließen. Besonders ausführlich beschrieben wird das Leben und Wirken der großen Weichensteller Bayezid II, Selim I, Süleyman I, Mehmet IV und Mahmut II. Letztgenannter öffnete das Osmanische Reich gen Westen. Doch die Handlungen seiner Nachfolger ließen den Glanz der Osmanen nur noch in schwachem Licht erscheinen, denn ab dem 19. Jahrhundert bestimmten die europäischen Nationalstaaten mehr oder minder das Geschehen an der Hohen Pforte. Es ist jedoch nicht meine Absicht, das Osmanische Reich als Spielball fremder Mächte in Schutz zu nehmen und ihm deshalb Absolution zu gewähren. Jedes Reich, jeder Staat, jede Organisation ist nur so schwach wie die Elite, die darüber bestimmt.

Wie in allen Büchern dieser Reihe präsentiere ich nach dem historischen und dem kulturgeschichtlichen Abriss einige Thesen zu dem, was aus der osmanischen Epoche in die Gegenwart gerettet werden und was in der Vergangenheit sein Grab finden und sich niemals wiederholen möge. Wo handelten die Sultane richtig? Wo irrten sie? Was ist ihnen aus der aufgeklärten Sicht der Moderne – was nicht zwingend bedeutet: nach dem gegenwärtigen politischen Narrativ – zugutezuhalten? Was ist ihnen vorzuwerfen? Hierüber wird sich der Leser am Ende der Lektüre fraglos selbst ein Urteil gebildet haben.

KAPITEL 2

Für Allah! Für uns!

Von Osman Gazi, dem Visionär aus Anatolien, bis zu Selim I,
dem Bezwinger Arabiens (1281 bis 1520)

Söğüt ist ein kleiner Flecken im Westen Anatoliens. Die
Römer haben der Halbinsel zwischen Ägäis und Euphrat
den Namen Asia Minor, Kleinasien, gegeben und sie zum
Herzstück des oströmischen Imperiums mit der prachtvol-
len Hauptstadt Byzanz gemacht. Diese bekommt später den
Namen Konstantinopel. Vom europäischen Teil Kleinasiens
aus führen die oströmisch-byzantinischen Kaiser die Tradition des im Westen untergegangenen römischen Reiches
fort.

Doch sic gloria transit mundi – gegen Ende des 11. Jahrhunderts haben die Kaiser von Byzanz, ohnehin geschwächt von
dynastischen Machtstreitigkeiten, den beharrlichen Angriffen der Serben im Norden und der wütenden Eroberungslust der aus dem Osten heranstürmenden Turkvölker kaum
noch etwas entgegenzusetzen. Seit 1071 beherrschen die
einst am Aral-See beheimateten rum-seldschukischen Sultane weite Teile Anatoliens. Das Wort „rum" meint „Rom"
und bedeutet, dass sie sich als „Rhomaier", als Römer in
der Tradition des antiken Reiches verstehen. (Pohanka, R.,
2016, S. 29) Sie nennen die oströmische Hauptstadt Istanbul und betrachten das Gebiet auf ihrer Seite der Grenze als
Pufferzone. Mitten drin, im Niemandsland zwischen christ-

licher und muslimischer Bevölkerung, schläft Söğüt und wartet auf den Anbruch seiner Zeit.

Die Rum-Seldschuken sind den im Iran stehenden Ilkhaniden, einer mongolischen Dynastie, tributpflichtig. Ebenso wie die türkischstämmigen Nomaden, die seit Jahrhunderten von Zentralasien kommend nach Norden und Westen ziehen; auch sie lassen ihr Vieh auf persischem Grund weiden und unterliegen daher der Willkür der Mongolen. Viele Clans treibt dies im 12. und 13. Jahrhundert zu einem Exodus – über das zerklüftete Bergland Ostanatoliens hinaus weiter nach Westen, Europa entgegen.

Zwar geschieht auch in Anatolien nichts gegen den Willen der Mongolen – „Political life in Anatolia was (...) subject to the will of the Mongol rulers: sometimes one prince from the Seljuk dynasty, sometimes another, or several of them together, were made sultans by the decree of the Mongol rulers (khans)" (Köprülü, M. F., 1992, S. 33) –, doch wenn sie dem von ihnen eingesetzten Seldschuken-Emir vertrauen oder, was oft genug vorkommt, in interne Auseinandersetzungen verstrickt sind, dann lassen sie ihren Statthalter nach eigenem Gutdünken regieren. Nur stehen die Seldschuken, ethnisch zu den Turkvölkern gehörend, der Verwandtschaft näher als den aus Asien über das Land hereingebrochenen Horden. Darüber hinaus verfolgen sie ihre eigenen Interessen. Sie brauchen Steuereinnahmen.

Anatolien ist ein fruchtbares Land mit heißen, trockenen Sommern und frostklirrenden Wintern. Karg und der Landwirtschaft schwer zugänglich ist nur das Hochland im Osten. Die wichtigen Städte liegen an der Küste, das Landesinnere ist dünn besiedelt. Viel Raum, wenig Volk, weshalb die Seldschuken jedem Stamm, der sich in Anatolien, besonders im Grenzland zu Byzanz ansiedeln will, unter zwei Bedingungen Grund und Boden zum Geschenk machen: Er muss ihnen den Vasallenschwur leisten und getreu dem Willen Allahs leben. (Stähli, A., 2016, S. 28 f.) So lassen sich zu Beginn des 13. Jahrhunderts auch einige halbnomadische Familien vom Stamm der Kayi in Söğüt nieder. Sie sind aus dem Iran geflüchtet und bringen nur Geringes mit. Ein wenig Ackerbau, ein paar Dutzend Schafe, Ziegen und Federvieh, Wasserträger, Hirten, Gerber, Teppichknüpfer – inmitten dieser pastoralen Kulisse wachsen die Kinder des Dorfes auf.

Glaubenskampf und Beute locken Fromme und Abenteurer nach Westanatolien

Als die Einwanderer selbst Enkel haben, ist die Flucht der Altvorderen vergessen, das Land bestellt und die Subsistenz mehr als gesichert. Denn handels- und raubstrategisch liegt das Dorf günstig. Fahrende Händler überqueren hier gern die Grenze zum reichen Byzanz, um mit den Christen Geschäfte zu machen. Moment – fordert der Koran nicht auch zur Unterwerfung der Ungläubigen auf? Gewiss, deshalb locken beides, Glaubenseifer und die Sehnsucht nach

Gold und Silber, Abenteuerlustige an – als Kämpfer für Allah und Beutegut. Der nicht abreißende Zustrom von Menschen beschert den Bewohnern von Söğüt ein gutes Einkommen und flinke Kenntnis von den politischen Entwicklungen. Wie steht es um die Ilkhaniden in Persien, wie um die Seldschuken? Untertanen wollen wissen, woher und wohin der Wind bei den Oberen weht.

Um die Herren im Iran ist es in der zweiten Jahrhunderthälfte gar nicht gut bestellt. Das Kriegsglück droht die Mongolen zu verlassen. 1260 werden sie von den ägyptischen Mamelucken, türkischstämmig wie die Nachbarn im Norden, aus Syrien vertrieben und zum Rückzug nach Persien gezwungen. Seldschuken, Ghaznawiden, Oghusen und andere turkmenische Stämme in Kleinasien und Persien verfolgen den Triumph ihrer Bluts- und Glaubensbrüder und den Machtverlust der mongolischen Besatzer mit gespannter Aufmerksamkeit. Viele hoffen darauf, die ungeliebte Herrschaft abwerfen und die Schätze des Landes für sich behalten zu können. Manche wollen sich im Kampf beweisen – zum Teufel mit den Reiterhorden aus Asien! In anderen glüht das Feuer des Glaubens. Sie wollen den Dschihad, den Heiligen Krieg für den Islam, in die Welt tragen.

Osman tritt auf die Bühne – und verwandelt sie zum Schlachtfeld

1281 n. Chr., als aus dem Dorf Söğüt längst eine lebhafte Kleinstadt mit wohlhabenden Bauern, Viehzüchtern und Händlern geworden ist, stirbt Clanführer Ertuğrul. Der Tradition folgend tritt sein ältester Sohn die Nachfolge an. Osman, Mitte zwanzig, mutig und geschickt im Kampf, wird das neue Stammesoberhaupt und wie sein Vater ein Lehnsmann der Rum-Seldschuken. Als gläubiger Muslim ist er davon überzeugt, vom Schicksal zum Gazi (auch Ghazi, Gazâ), zu einem Kämpfer im Heiligen Krieg gegen die Ungläubigen bestimmt zu sein. „Diese Gazis waren Krieger, die von der Kriegsbeute lebten, aber auch nicht davor zusammenschrecken, sich in Friedenszeiten als Räuber zu betätigen. Ihre Zusammenschlüsse lockten Aben-

Abbildung 1: Sultan Osman (1300 – 1326) Gründer der Osmanen Dynastie

teurer, religiöse Eiferer, landflüchtig gewordene Bauern und politische Abtrünnige aller türkischen Stämme an." (Pohanka, R., 2016, S. 48)

Auch Osman schließt sich den umherziehenden Verbänden an und unternimmt Raubzüge in das byzantinisch beherrschte Land. Die vom Glauben genährte Mission facht die in seinem Inneren angelegte Eroberungslust gewaltig an. „The ideal of gazâ, Holy War, was an important factor in the foundation and development of the Ottoman state. Society in the frontier principalities conformed to a particular cultural pattern, imbued with the ideal of continuous Holy War and continuous expansion of the Dârülislam – the realms of Islam – until they covered the whole world." (Inalcik, H., 1973, S.6)

Kämpfer für den Glauben oder Jäger nach Beute?

Ist die inbrünstige Sehnsucht nach dem Dschihad, die der junge Osman mit vielen seiner muslimischen Zeitgenossen teilt, tatsächlich die treibende Kraft für die Gründung und rasche Ausweitung des Osmanischen Reiches? Der österreichische Orientalist Paul Wittek ist in den 1930er Jahren fest davon überzeugt. Ein halbes Jahrhundert lang hält seine sogenannte Ghazi-These (Wittek, P., 1938) der lebhaft geführten Debatte in der Geschichtswissenschaft stand. Erst im Licht jüngerer historischer Forschung kommen Zweifel auf. So entnimmt der amerikanische Historiker Rudi Lindner neu entdeckten Quellen, dass das Wort „Ghazi" unter

Zeitgenossen nicht nur „heiliger Krieger" bedeutet hat, sondern auch „Plünderer". Das deute darauf hin, schlussfolgert Lindner, dass das osmanische Fürstentum seinen Aufstieg nicht tiefer Religiosität, also inneren Beweggründen, zu verdanken habe, sondern ganz profan dem Streben nach Geld und Gut – etwas, woran die Nachfahren der Nomaden erst seit Kurzem Gefallen gefunden haben. Getrieben von gemeinsamen Interessen hätten sich Osman und sein Clan Weideland und Kriegsbeute zu verschaffen gesucht, meint Lindner, zunächst an der nur schwach verteidigten Grenze zu Byzanz und später, beflügelt von ihrem Erfolg, weit darüber hinaus.

Mit seiner die materiellen Interessen betonenden Nomaden-These wendet sich Lindner gegen die auf ideelle Motive abstellende Ghazi-These von Wittek und seinen Jüngern. Bis heute ist dieser Punkt nicht abschließend geklärt. 2009 hielt Lindner als Zwischenfazit fest: „(...) there is no agreed point of reference about which most scholars gather, and that a more eclectic approach, resting more on the sources than on scholarly tradition, holds the field." (Lindner. R.P., 2009, S. 104)

Was immer die Forschung künftig noch zutage fördern wird: Dank erfolgreicher Raubzüge macht Osman seinem Stamm Ehre und mehrt dessen Reichtum. In Würdigung der Talente des Draufgängers – vielleicht auch mit der leisen Absicht, den ungestümen jungen Mann im Zaum zu halten – adeln ihn die Seldschuken mit dem fürstlichen

Titel Bey. Das ist die Geburtsstunde des Beylik (Fürstentum) Osman – eines von vielen inmitten der schier endlosen Weite Kleinasiens.

Anders als sein Vater jedoch kennt der neue Stammesfürst keine Grenzen. Er stellt ein stehendes Heer zusammen, attackiert und plündert ohne Unterlass seine Nachbarn, unterwirft sich eine wachsende Gefolgschaft und sonnt sich ebenso im Respekt von Autoritäten des Glaubens wie im Glanz der seinen Feinden abgenommenen Schätze. Beides steht im Einklang mit dem Koran. „Ähnlich wie bei den christlichen Kreuzrittern ließ sich auch bei den islamischen Glaubenskriegern der Wunsch, die wahre Religion zu verbreiten, leicht mit der Hoffnung auf Land und Beute vereinbaren." (Faroqhi, S., 2000, S. 20)

Osman führt das Timar-System ein und scharrt Lehnsmänner um sich

In raschem Tempo vergrößert Osman seinen Herrschaftsbereich von ursprünglich 1.500 auf rund 18.000 Quadratkilometer. Das Nutzungsrecht an den eroberten Gebieten gibt er als kleine und große Pfründe (Timar) an Freunde, Verwandte, Unterstützer und nützliche Zeitgenossen weiter. Dafür müssen sie und von ihnen gestellte bewaffnete Männer ihm im Kampf beistehen. Das Timar-System ähnelt nur auf den ersten Blick dem abendländischen Lehnswesen. (Pohanka, R., 2016, S. 54 f.) Anders als Lehen können Timare ihren Besitzern entzogen werden, und nach dem

Tod der Nutzungsberechtigten fallen sie an das osmanische Fürstenhaus zurück. Von seinen Gefolgsmännern verlangt Osman nur geringe Steuern, aber Loyalität, auch und gerade im Kriegsfall, sowie bedingungslosen Gehorsam. Mit der Überführung des freien Nomadentums in ein von persönlicher Abhängigkeit geprägtes Feudalwesen festigt Osman seine Macht und zeichnet die Herrschaftsstruktur des sich ankündigenden osmanischen Reiches vor.

Als korantreuer Muslim lässt Osman den Christen die Religionsfreiheit, mehr noch, er verteidigt sie sogar gegen die Übergriffe stammesfremder Beutejäger. War der Bauernsohn aus Anatolien in seiner Jugend ein wahrer Haudegen, so reift er mit den Jahren zu einem gewieften Taktiker und Strategen heran. Um seinem kriegerischen Erfolg den Rahmen zu geben, den dieser seiner Meinung nach verdient, befördert sich Osman selbst zum Emir. Ab 1299 lässt er sich Osman Gazi (Glaubenskämpfer) nennen und die Freitagspredigt in den Moscheen in seinem Namen abhalten. Damit nimmt er sich ein Recht heraus, das eigentlich nur dem Herrscher, mithin dem rum-seldschukischen Anführer zusteht. Doch der ist schwach und hält still. Das Jahr an der Schwelle zum 14. Jahrhundert (1299) wird traditionell als Gründungsjahr des osmanischen Reiches angesehen.

Erst blickt Byzanz, dann ganz Europa nach Anatolien

Immer mehr Krieger lassen sich in den Bann des Mannes aus Söğüt ziehen, immer mehr Stämme schließen sich dem

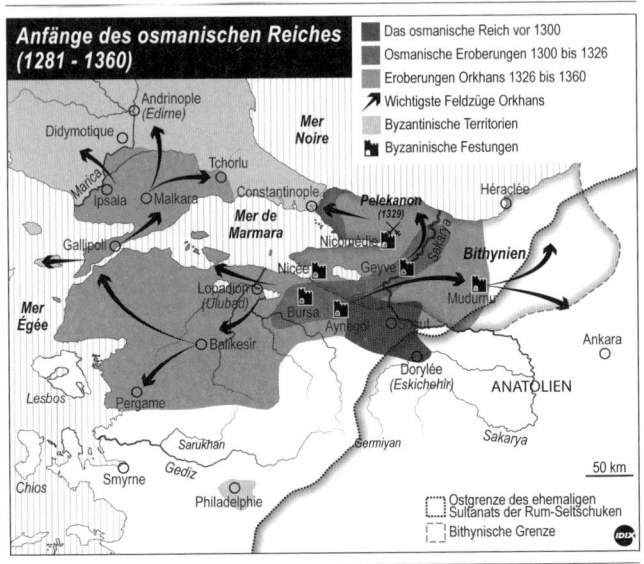

Abbildung 2: Anfänge des osmanischen Reiches (1281 – 1360)

osmanischen Fürstentum an. Im Hochsommer 1302 ziehen Osmans Reiter und Fußtruppen erstmals gegen das schwer bewaffnete oströmische Heer. Nahe der Grenzstadt Bapheus schlagen sie die Byzantiner vernichtend und versetzen die Führung in Konstantinopel in Sorge, ob und wie man Osman und seine Mitstreiter aufhalten könne.

Die Berichte von der Überlegenheit der wendigen anatolischen Reiter gegenüber den gepanzerten Söldnern aus Byzanz – im Licht des Glaubens interpretiert: der strahlende Sieg der Muslime über die Christen – spricht sich in Windeseile auf der ganzen Halbinsel herum. Das ermutigt kampfeslustige und auf Beute gesonnene Männer anderer

Turkstämme, sich bei den Helden einzureihen. Auch Scharen der von Ostrom traditionell schlecht bezahlten christlichen Soldaten wechseln die Seite. Jetzt erst wird das katholische Europa auf den Militärführer aus Anatolien aufmerksam. Denn: „Genuesen, Venezianer und sogar Katalanen aus Spanien zogen nunmehr unter dem Banner des Halbmonds ins Feld. Nicht wenige traten auch zum Islam über." (Marz, R., 2014, S. 13) Das ist verständlich. Als Muslime profitieren sie von der Ehre, vom Timar und von den verschwindend geringen Zwangsabgaben im osmanischen Fürstentum.

1317 überträgt Osman den Oberbefehl an seinen Sohn Orhan. Der erweist sich als nicht weniger kriegstauglich als sein Vater und erobert 1326 die wohlhabende Stadt Bursa südlich des Marmarameeres. Damit rückt das nur 90 Kilometer entfernte Konstantinopel, die schanzenbewehrte Hauptstadt des oströmischen Reiches, zum Greifen nahe. Ob Osman I Gazi den Erfolg seines Sohnes und Nachfolgers indes noch erleben kann, steht nicht zweifelsfrei fest, denn sein Todesjahr variiert in den Quellen zwischen 1324 und 1326. Noch für die nächsten Jahrhunderte nachweisbar ist aber sein Ruf als vorbildlicher Landesherr. Für alle nachfolgenden osmanischen Sultane wird bei ihrem Regierungsantritt gebetet: „Möge er so gut sein wie Osman." (Marz, R., 2014, S. 12)

Der oströmische Kaiser bittet die Türken um Waffenhilfe

Nachdem erst Bursa, später Edirne zur neuen Metropole der osmanischen Fürsten ernannt worden ist, nehmen die Osmanen dem oströmischen Reich Stadt um Stadt, Festung um Festung, Hafen um Hafen ab. Doch noch immer kontrollieren sie nur ein Beylik unter vielen in Kleinasien, noch hat sich keine Vormachtstellung unter den Stämmen herausgeschält. Das wird sich 1352 ändern. Denn in diesem Jahr gehen die Osmanen mit dem oströmischen Kaiser eine strategische Allianz ein: Gegen hohe Belohnung leisten sie den Byzantinern in Thrakien auf der nördlichen Balkanhalbinsel Waffenhilfe gegen die Serben. Die Europäer selbst erflehen also von den Türken den Kampf in Europa. Nur zu gern folgen die osmanischen Krieger dieser Aufforderung.

Abbildung 3: Schlacht auf dem Amselfeld (15. Juni 1389)

Die ersten Schlachten in der Alten Welt entscheiden die Osmanen so klar für sich, dass sie, wenn sie sich nicht gerade ein anderes Fürstentum in Westanatolien einverleiben, selbst-

bewusst vom Balkan aus weiter nach Norden vorstoßen.
Erwähnung finden soll die
Schlacht auf dem Amselfeld
im Kosovo am 15. Juni 1389,
in der Murad I das Koaliti-
onsheer von Serben, Bulga-
ren, Bosniern und Albanern
souverän bezwingt. Doch der
Sultan kann sich über seinen
Erfolg nicht lange freuen. Er
wird von Miloš Obilić, der
bis heute als serbischer Na-

*Abbildung 4: Sultan Bayezid I,
genannt „der Blitz"*

tionalheld verehrt wird, auf dem Schlachtfeld erdolcht. Danach findet auch Obilić den Tod. (Pohanka, R., 2016, S. 53)

Der oströmische Kaiser, dessen Territorium auf die Hauptstadt Konstantinopel und das Gebiet um Thessaloniki
zusammengeschmolzen ist, zahlt den Osmanen zähnekni-
rschend den versprochenen Tribut. Das füllt die Kriegskasse.
1396 stehen die Osmanen an der Grenze Ungarns – des
Landes, das sich auferlegt hat, zu allen Zeiten die christliche
Gemeinschaft gegen die türkische Bedrohung zu schützen.
Zur Verstärkung ruft König Sigismund ein spätes Kreuz-
fahrerheer aus französischen, ungarischen und anderen europäischen Adeligen herbei. Doch die können wenig ausrichten. 1396 müssen sich die Ungarn samt ihren Verbündeten
im bulgarischen Nikopolis geschlagen geben. Als Sieger im

Feld jubeln der amtierende osmanische Sultan Bayezid I (genannt „der Blitz") und seine Soldaten.

Mit der „Knabenlese" füllen die Osmanen ihr Heer auf

Das freilich sind nicht mehr nur flinke Reiter (Sipahi) und Fußtruppen türkischen Geblüts. Schon Osmans Sohn Orhan I, vielleicht auch erst sein Amtsfolger Murad I, sorgt sich um den militärischen Nachschub. Denn das eigene Volk bringt nicht so viele junge Männer hervor, als dass ein Heer jener Größe hätte gebildet werden können, mit dem sich weite Teile der Welt unterwerfen ließen. Und auch die Pflicht der Timar-Nehmer, zusammen mit bewaffneten Männern ihrer Clans an Kriegszügen teilzunehmen, kann die von den Kämpfen gerissenen Lücken nicht schließen.

Im ersten Schritt beschlagnahmen die Osmanen unter den Kriegsgefangenen alle jungen und kräftigen Männer für den Waffendienst. Das allerdings sind meist Christen, die weder Ethos noch Glauben der muslimischen Krieger teilen. Die Sultane kopieren daher eine Methode, mit der die Abbasidenkalifen schon vierhundert Jahre früher ihre Personalnot gelindert und das Eliteheer der Mamelucken gespeist hatten: Sie nehmen christlichen Familien vom Balkan und aus dem Kaukasus ihre männlichen Kinder weg und lassen sie von Bauernfamilien in Kleinasien aufziehen. Nicht jeder Knabe wird rekrutiert: „On the advice of a scholar (…) they initiated taking one captive out of five (…).": (Maksudoglu, M., 2011, S. 579) Unrühmliche Bekanntheit erlangt hat dieses Verfahren, das erst 1683 abgeschafft wurde, unter dem Begriff *devşirme* („Knabenlese").

Nachdem die Jungen die Landessprache gelernt haben und zum Islam bekehrt worden sind, werden sie von Angehörigen eines Derwisch-Ordens in eigens dafür eingerichteten Rekrutentruppen kaserniert, zu fanatischen Muslimen erzogen und in allen militärischen Belangen ausgebildet. Man nennt sie nun „Janitscharen" (neue Truppe, wörtlich: Feuerstelle der neuen Truppe). Die Janitscharen dürfen weder Besitz noch sexuellen Umgang haben und auch nicht heiraten. Sie sind dem Sultan als dessen Leibgarde direkt unterstellt.

Unter den Janitscharen ist das Sufitentum, eine mystische Spielart des Islams, weit verbreitet. Von dieser beseelt, verachten die Soldaten den Tod und kämpfen mit äußerster Besessenheit und Grausamkeit. Die westlichen Heere, die eine derartig komplex herangebildete Elitetruppe nicht kennen, fürchten darum die Janitscharen – völlig zu Recht.

Die Janitscharen werden zur Elitetruppe der osmanischen Armee

Aus den Janitscharen wird die erste stehende Armee des osmanischen Reiches geformt. Sie ersetzt die aus Stammeskriegern zusammengewürfelte Soldateska, auf deren Loyalität und Moral die Sultane nicht vertrauen. Die Janitscharen betrachten die Truppe als ihre Familie und den Sultan

Abbildung 5: Janitscharen, Elitesoldaten der Osmanen

als ihren Vater. Anfangs leben sie ausschließlich für den Krieg, haben keinen Besitz und beziehen außer regelmäßigen Mahlzeiten so gut wie keinen Sold. Die Angehörigen dieser Elitetruppe steigen im osmanischen Staatswesen bis in höchste Positionen auf; nicht wenige von ihnen bekleiden später das Amt des Großwesirs (siehe Seite 61). Ihr Status gilt als begehrenswert. Nicht selten versuchen muslimische Eltern aus den Unterschichten, ihre Kinder bei den Janitscharen einzuschmuggeln, um ihnen so eine bessere Zukunft zu ermöglichen.

Umfasst diese Elitekampftruppe unter den Sultanen Orhan I und Murad I kaum einige hundert Soldaten, so steigt die Korpsstärke bis zur Blütezeit des osmanischen Reiches zu Beginn des 16. Jahrhunderts auf knapp 80.000 an. Kreiser (2008, S. 230) zählt exakt 75.886 Reiter und Schwertträger.

Am Ende dieses Jahrhunderts ist die Leibgarde schmaler; Kreiser/Neumann (2009, S. 159) schätzen die Truppenstärke der Janitscharen zu dieser Zeit auf 35.000 Mann. Sie sind in Kompanien von 200 bis 400 Männern organisiert und werden von Gouverneuren angeführt, „meist von Männern, die die Palastschule absolviert hatten und dann in die Provinz geschickt worden waren." (Faroqhi, S., 2000, S. 24) Sie verbindet also wenig mit den Soldaten in der türkischen Provinz, was Aufständen entgegenwirken soll. Oberbefehlshaber ist der Sultan, später übernimmt dies ein hochrangiger Militär mit dem Ehrentitel Aga. In der Anfangszeit benutzen die Soldaten Pfeil und Bogen, später Feuerwaffen und im Nahkampf Beile und Säbel. Ab Mitte des 15. Jahrhunderts werden sich die Janitscharen mehr und mehr der wertvollsten Waffe des Menschen bedienen: ihres Kopfes. Bis die Leibgarde im Jahr 1826 aufgelöst wird, werden wir ihnen noch wiederholt begegnen.

Nun geht es gegen Konstantinopel, die Festung der Christenheit

Unter Bayezid I, dessen Jubel über den siegreichen Ausgang der Schlacht gegen die Ungarn und die Kreuzritter uns noch im Ohr hallt, gibt es bereits Ansätze für eine einheitliche, zentralistische Organisation des Osmanenreiches. (Majoros, F., Rill, B., 2011, S. 44) Nun, berauscht vom Gefühl seines Triumpfs über die Christen, setzt sich der Sultan ein größeres Ziel: Es geht gegen Konstantinopel, das Rom des Ostens, die Festung der Christenheit.

Viele Jahre lang belagert das osmanische Heer die Stadt am Bosporus. Mit Mühe können die oströmischen Soldaten und die dem Kaiser zu Hilfe eilenden Kreuzritter – die wenigen, die von den Türken in Nikopolis verschont wurden – die Festung halten. Die Versorgung über die Meerenge aus dem europäischen Hinterland tröpfelt, fortwährend sucht sie der Sultan zu unterbinden. 1402 träumt Bayezid I schon von der Alleinherrschaft in Kleinasien. Da rückt aus dem Osten ein neuer, gefährlicher Gegner heran.

Der Mongole Timur versetzt der osmanischen Herrschaft einen vernichtenden Schlag

Timur Lenk, auch Tamerlan genannt, geboren 1336 in Zentralasien, ist Mongole, Parvenü, Tyrann, Militärführer und in jeder dieser Rollen fest entschlossen, das ausgezehrte Mongolenreich zur alten Größe aufzurichten – selbstredend unter seiner Führung. Seit seiner Jugend steht er im Kampf, siegt, unterliegt, gewinnt erneut, kauft sich eine Armee aus Abenteurern zusammen, wütet, mordet, brennt und hat zuletzt die Goldene Horde an der Wolga in Grund und Boden geschlagen. Sein Siegeszug ist ohnegleichen. Timur selbst sieht sich als legitimer Nachfolger Dschingis Khans und will das Weltreich der Mongolen im Namen des Islams erneuern. 1394 herrscht er über ein Gebiet, das sich über Teile des heutigen Iraks, Irans, Aserbaidschans, Usbekistans, Armeniens, Georgiens, Syriens und Ostanatolien erstreckt. Jetzt zieht er gegen den Sultan der Osmanen zu Felde.

„Nach Westen", befiehlt Timur seinen Kriegern. Um die 120.000 sollen es gewesen sein. Wie viele osmanische Kämpfer ihnen gegenüberstehen, ist unklar. „Moderne Angaben über die jeweilige Truppenstärke gehen weit auseinander. Die maximalen Schätzungen reichen von 70.000 bis 84.000 Mann, die Bayezid unter seinem Kommando versammeln konnte." (Pohanka, R., 2016, S. 59 f.) Um sich gegen den starken Gegner zu wappnen, bricht Bayezid I die Belagerung Konstantinopels ab. Eine gewaltige Last fällt vom oströmischen Kaiser Manuel II. Er bedankt sich bei den Osmanen mit der Zusage neuer Tributzahlungen, der Errichtung einer Moschee und die Einsetzung eines islamischen Richters (Qādī) in seiner Stadt.

All das kann er schon im Jahr darauf von der Rechnung streichen. Denn im Sommer 1402 fügt Timur dem osmanischen Heer in der Schlacht bei Angora (Ankara) eine der schwersten Verluste in dessen Geschichte zu. Tausende von Soldaten verdursten, noch ehe sie das Schlachtfeld erreichen, weil Timurs Männer alle Brunnen weit und breit zerstört haben. Die tatarischen Truppen des Sultans laufen zu den Mongolen über. Nach beinahe zwanzigstündigem Kampf geben auch die serbischen Soldaten des Sultans auf und fliehen. Bayezid I wird gefangen genommen und stirbt in mongolischen Eisen.

Nach dieser Niederlage hätte das Osmanische Reich am Ende sein können. Die Söhne Bayezids geraten in mörderischen Streit, Anarchie bricht sich Bahn, die Staatskas-

Abbildung 6: Tamerlan mit dem gefangenen Sultan Bayezid I (1402)

sen werden geplündert. Landauf, landab regiert brachiale Gewalt. Nur das vor Kurzem noch so hart bedrängte Konstantinopel wähnt sich in Sicherheit – nicht ahnend, dass sich die Ruhe nur als letzte Atempause vor dem endgültigen Untergang erweisen wird.

Konstantinopel fällt – die Neuzeit bricht an

Nach langem Bruderkrieg wird Mehmet I im Jahr 1413 Alleinherrscher im Osmanischen Reich. Doch das ist erheblich geschrumpft und umfasst nur noch die Größe, die es schon unter Murad I hatte. Die Balkanstaaten haben sich losgesagt, die in Anatolien eroberten Emirate sind wieder hergestellt und die früheren Herrscher eingesetzt. Mehmet schreitet schnell zur Tat. Er reorganisiert das Heer und beginnt von neuem mit dem kriegerischen Treiben. 1425 fallen die südwestlichen Fürstentümer rund um Izmir an die Osmanen, fünf Jahre später das griechische Thessaloniki, die zweitgrößte Stadt des byzantinischen Reichs. 1439 wird Serbien von den Magyaren vereinnahmt. Der Kaiser in Konstantinopel muss erneut zittern. Denn das byzantinische Reich ist nur noch eine Enklave auf osmanischem Gebiet. Nun war „das Königreich Ungarn, das seit 1427 die Festung Belgrad besetzt hielt, (…) der eigentliche Gegner der Osmanen in Südosteuropa." (Faroqhi, S., 2000, S. 17)

1451 besteigt der blutjunge Sultan Mehmet II den osmanischen Thron. Von Anfang an nimmt er das verhasste Konstantinopel in den Blick. Jetzt endlich muss die Stadt der Christen fallen.

Schon zuvor hat sich die osmanische Flotte an der Expansion des Reiches beteiligt, bislang jedoch spielte die Marine keine große Rolle. Schiffe wurden hauptsächlich zum Transport von Truppen gebraucht. Die militärische Stärke der Türken liegt eindeutig bei den Landstreitkräften. Mehmed II ändert das und baut die Marine mit strategischem Blick auf eine Belagerung Konstantinopels aus. Darüber hinaus lässt er binnen wenigen Monaten auf der europäischen Seite des Bosporus eine Festung bauen (Rumeli Hisar). Anschließend sperrt er den Bosporus, richtet seine Flotte aus und hindert feindliche Schiffe, dem Kaiser zu Hilfe zu kommen. „Im Frühjahr 1453 hatte Mehmet nach Schätzungen von Historikern etwa 50.000 bis 80.000 Mann vor der Stadt

Abbildung 7: Eroberung Konstantinopels im Jahr 1453

zusammengezogen. Diesem Aufgebot standen lediglich
etwa 6.000 waffenfähige Byzantiner und etwa 3.000 reichs-
fremde Soldaten gegenüber. (Pohanka, R., 2016, S. 72) Tag
und Nacht donnert von Land und See schwere Artillerie auf
die Mauern von Konstantinopel. Der letzte byzantinische
Kaiser Konstantin XI überlebt die Kämpfe nicht.

Nach 54-tägiger Belagerung fällt die Stadt der Christenheit
am 29. Mai 1453 in die Hände der Türken. Nur einen einzigen Tag lang dürfen Mehmets Soldaten Konstantinopel
ungehindert plündern, dann überquert der Sieger die Was-
serscheide zwischen Europa und Asien und nimmt seine
Eroberung in Besitz. Erster imperialer Akt ist das Gebet
in der Hagia Sophia, der Krönungskirche des byzantinischen Reiches. (Yerasimos, S., 2007, S. 208 f.) Dort erklärt
der Sultan das gewaltige christliche Bauwerk zur ersten

Abbildung 8: Die Eroberung Konstantinopels (1453) durch Mehmet II

Moschee in der nunmehr Istanbul geheißenen Hauptstadt der Osmanen und sich selbst zum Nachfolger der oströmischen Imperatoren – zum Kaiser von Rom. Seither gilt der Fall von Konstantinopel in der Geschichtsschreibung als weltgeschichtliche Zäsur, als Ende des byzantinischen Reiches und Epochenwende vom Mittelalter zur Neuzeit.

Mehmet II, „der Eroberer"

Mehmet II ist ein Kind der Renaissance. „(Er) beherrschte mehrere Sprachen. Seine Liebe galt Italien und der Geschichte des einstigen Römischen Reiches. Und als ihr Nachfolger verstand er sich auch." (Marz, R., 2014, S. 15)

Mit demselben eisernen Macht-
willen, den die römischen Feld-
herren Caesar und Marcus Anto-
nius 1400 Jahre zuvor an den
Tag gelegt hatten, unterwirft
der Herr der Hohen Pforte (der
Sitz der osmanischen Verwaltung in Istanbul entlehnte dem
Reich ihren Namen) die Völker
an der Schwarzmeerküste und in
fast ganz Anatolien. Im Osten

Abbildung 9: Mehmet II (1432–
1481), genannt „der Eroberer"

grenzt das Gebiet des Sultans nun unmittelbar an das Reich
der syrisch-ägyptischen Mamelucken, das diese Mitte des
15. Jahrhunderts unwiderruflich den Mongolen entrissen
hatten.

Zunächst jedoch zieht Mehmet II, der sich nach dem Fall
von Konstantinopel mit dem Ehrennamen „der Eroberer"
schmücken darf, nach Westen. Das gesamte europäische,
auf der Balkanhalbinsel gelegene Gebiet geht unter dem
Namen Rumelien (türkisch Rumeli, der Name soll an Rom
erinnern) in das Osmanische Reich ein. Venedig verliert
wichtige Hafenstädte, und auch Albanien wird den Türken
zugeschlagen. Bei alldem spielt die von Mehmet gestärkte
osmanische Flotte eine entscheidende Rolle.

1480 setzt der Sultan nach Italien über und nimmt die Fes-
tungsstadt Otranto in Besitz. Als er im Jahr darauf zu seinen
Ahnen geht, hinterlässt er ein gewaltiges Reich mit einem

geordneten Staats- und Militärwesen, einem vielversprechenden Brückenkopf in Europa und in seiner Metropole Istanbul die nun Allah gewidmete Moschee Hagia Sophia, die schlossähnliche Anlage Eski Saray (heute stehen dort die Süleymans-Moschee und die Universität) sowie mit dem Topkapi-Palast ein prachtvolles Bautenensemble, das noch heute Zeugnis gibt von der einstigen Größe der Osmanen.

Mehmet II festigt den Grundstein, den Osman gelegt hat

Militärpolitisch hatte Mehmet II die Zügel herumgerissen, innen- und finanzpolitisch hatte er sie erheblich gestrafft. In seinen letzten Jahren hatte der kämpferische Sultan ein nahezu absolutistisches Verhalten an den Tag gelegt, willkürlich Hinrichtungen befohlen und das Erbe der Getöteten konfisziert, zwecks Kriegsfinanzierung hatte er kräftig die Steuern erhöht und die Macht der anderen in Anatolien etablierten Clans durch Veränderungen des Erbrechts geschwächt (mehr dazu in Kapitel 5, S. 113). Überhaupt hatte Mehmet II eine Vielzahl von Orders auf Gebieten erlassen, auf denen seine Vorgänger deutlich liberaler gewaltet hatten. Eine der vom Eroberer eingeführten Regeln schreibt nun vor, dass ein Sultan nach seiner Thronbesteigung seine Brüder umzubringen hatte. Das sollte Palastrevolten unmöglich machen. Solche waren in der Vergangenheit häufig vorgekommen, weil die Osmanen das automatische Nachfolgen des erstgeborenen Sohnes (Primogenitur) nicht kannten. Stets setzte sich der Stärkere, der vom Vater geliebteste oder, so war es meist, der von den

Janitscharen bevorzugte Sohn durch. Am Rande: Ein Sohn, legitim oder nicht, fand sich dank der vom Koran erlaubten Mehrfachehe immer.

Unter den auf Mehmet II folgenden Sultanen übersiedeln viele Anatolier auf den Balkan. Deren genaue Anzahl ist bis heute unter europäischen und türkischen Historikern umstritten. (Faroqhi, S., 2000, S. 21) Die osmanischen Fürsten sehen die Landnahme Rumeliens durch ihre eigenen Leute zwar gern, versuchen aber durch strenge Kontrollen und eine militärnahe Verwaltung zu verhindern, dass die Provinz ein Eigenleben entwickelt. Das kann den entwurzelten Menschen, die sich auf fremdem Boden inmitten von Nachbarn anderer Kulturen und fremden Glaubens ein Leben einrichten müssen, kaum gefallen. Sicherheit und Zukunft brauchen Herkunft und Identität, brauchen Freiheit und Stolz auf das Selbstgeschaffene. Doch die Sultane sehen die Gefahren nicht. Vom fernen Istanbul aus regieren sie mit eiserner Hand. Mit äußerem Erfolg: Im 16. Jahrhundert gehört das gesamte Gebiet rund um das Schwarze Meer zum Osmanischen Reich. Fremde Schiffe dürfen darauf nicht fahren.

Krieg in Südosteuropa und – neu – im eigenen Land

Parallel zu dieser – wie wir heute wissen: grundverkehrten – Besiedlungspolitik schlagen, feuern und brandschatzen sich die türkischen Truppen durch halb Europa. Krieg geführt wird mit Venedig, mit Polen, sehr lange, aber erfolglos

(1484 bis 1491) mit den Mameluckensultanen, wiederholt auch mit aufgebrachten Stämmen in Ost- und Südwestanatolien.

Denn im benachbarten Persien hat in den ersten Jahren des 16. Jahrhunderts ein junger und charismatischer Scheich namens Ismail I die Macht ergriffen. Er nennt sich Schâhinshâh-i Irân (kurz Schah oder König der Könige des Iran), was dem westlichen „Kaiser" entspricht. Das stößt die Osmanensultane, den selbsternannten „Kaiser von Rom", natürlich vor den Kopf. Ismail I gründet den schiitischen, den Sufis (Stähli, A., 2016, S. 101 f.) verbundenem Safawiyya-Orden, nach dem sein Volk Safawiden genannt wird. Die mystischen Heilsversprechen der religiösen Fanatiker in Verbindung mit Ismails kriegerischem Gehabe wiegeln die Nomaden auf. Es lässt sie Vergleiche zum sunnitischen Sultan ziehen (zur Genese der beiden islamischen Glaubensrichtungen siehe Stähli, A., 2016, S. 43ff.) und zornig erkennen, dass sie fernab von Istanbul jeglicher Möglichkeit beraubt sind, durch den Dschihad Ruhm und Ehre zu gewinnen.

Selim I erobert die arabische Halbinsel und die heiligen Stätten des Islams

Der neunte Sultan Selim I (1470 bis 1520), der sich später zum Kalifen erheben wird, gilt als hart im Nehmen und äußerst grausam. Nicht zuletzt deshalb ist er der Günstling der Janitscharen. Mit ihrer Hilfe setzt er seine Inthronisierung gegen seinen Vater und seine älteren Brüder durch und lässt letztere samt allen Neffen unverzüglich nach Amtsantritt hinrichten. Aus der gesamten osmanischen Dynastie bleiben außer Selim selbst und dessen einzigen Sohn Soliman (auch: Suleiman, Süleyman) niemand mehr übrig. Das soll nach dem Willen Selims auch so bleiben: „Mehr Erben wollte der Sultan nicht haben und verzichtete auf jeden weiteren Umgang mit seinen Frauen, indem er statt dessen mit jungen Sklaven dem Laster des Orients huldigte (…)." (Jorga, N., 1990, Bd. 2, S. 315) Majoros/Rill (2011, S. 209) kommentieren lakonisch: „Das nennt man Selbstbeherrschung: Zur Homosexualität wechseln aus Staatsräson." (2011, S. 209)

Als strenggläubiger Sunnit setzt Selim I den Aleviten und den Schiiten im osmanischen Herrschaftsbereich erbarmungslos zu. Auf der Gegenseite steht der schiitische Schah von Persien, er unterstützt seine verfolgten Glaubensbrüder. Selim rüstet gegen Ismail und bezwingt den Perser 1514 in Ostanatolien. Danach wendet er sich gegen die in Ägypten herrschenden Mamelucken. Der Sultan vertreibt sie aus Syrien und Palästina und macht sich unter lautem Säbelrasseln auf nach Ägypten.

Drei Jahre nach dem Sieg gegen die Perser zieht Sultan Selim I in Kairo ein. Wenig später ist ganz Ägypten ein Vasallenstaat der Osmanen. Doch mit ungebrochener Kampfeslust führt Selim sein Heer weiter nach Süden und unterwirft sich fast die gesamte arabische Halbinsel. Damit wird er zum Herrscher über Mekka und Medina, die heiligen Stätten des Islams. Auf dem Rückweg nach Istanbul lässt er sich in Kairo vom letzten, aus dem Exil zurückgeholten Kalifen der Abassiden-Dynastie das legendäre Schwert und den Umhang des Propheten überreichen. Er übernimmt auch dessen Titel. Fortan

Abbildung 10: Selim I (1470 – 1520), der sich zum Kalifen erhebt

bezeichnen sich die osmanischen Sultane als Kalifen (arab.: chalifa, Stellvertreter des Propheten, der höchste religiöse Grad im Islam). Damit wird der Großtürke nominell zum Oberhaupt der Gemeinschaft aller Muslime.

1512, als Selim I Sultan geworden war, umfasste das Osmanische Reich eine Fläche von 2.375.000 Quadratkilometern. Acht Jahre später hatte das Osmanische Reich unter Kalif Selim I mit 6.557.000 Quadratkilometern fast die dreifache Fläche. Man weiß das daher so genau, weil unter seinen Schiffsführern ein begnadeter Kartograf hervorstach. Piri Reis, geboren um 1470 im türkischen Gelibolu, verfasste als Kapitän im Mittelmeer und später als Admiral der osmanischen Flotte in Ägypten und im indischen Ozean mehrere Kartenwerke und ein bedeutendes Buch über die Seefahrt im Mittelmeer. Unter den von ihm gesammelten

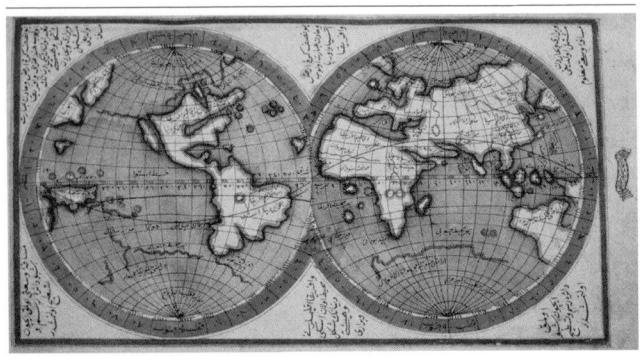

Abbildung 11: Weltkarte aus einer Handschrift des Kitab-i Bahriye (Seefahrer-buch) des osmanischen Kartografen Piri Reis

und erstellten Karten ist die erst 1929 entdeckte sogenannte Karte des Piri Reis von 1513 die berühmteste.

Den letzten von Selim geplanten Kriegszug nach Rhodos vereitelt sein früher Tod im Alter von Ende Vierzig. „Seiner Asien- und Afrikapolitik, seinen Eroberungen außerhalb von Europa war es zu verdanken, daß der neue Sultan einen Zweifrontenkrieg augenblicklich kaum zu befürchten brauchte, wenn er seine Aufmerksamkeit Europa zuwandte." (Majoros, F., Rill, B., 2011, S. 212)

Und was macht das christliche Europa?

Mit dem Untergang des Königreichs Ungarns im Jahr 1526 stehen die europäischen Mächte – allen voran das Heilige Römische Reich, das die Osmanen zu lange nicht als ernstzunehmende Gefahr betrachtet hatte – vor den Trümmern ihrer Außenpolitik. Seit dem Fall von Konstantinopel befinden sich alle Land- und Seewege zu den Schätzen des Vorderen Orients und Indiens in den Händen der Muslime. Und die nehmen den Auftrag des Korans, die Christenheit zum rechten Glauben zu bekehren, sehr, sehr ernst. In den folgenden Jahrzehnten kann es daher nur mehr darum gehen, ein weiteres Vordringen der Osmanen in Richtung Mitteleuropa zu verhindern.

KAPITEL 3

Blütezeit und Herbst des Sultanats

Von Süleyman dem Prächtigen bis zum Aufstand
der Janitscharen (1520 bis 1807)

Am 8. Shawwai des Jahres 926 – die Christen schreiben
den 1. Oktober 1520 – gürtet der Mullah der Maulawi-
Derwische dem neuen Sultan Süleyman das Zulfikar um,
das Schwert, das dem Propheten Mohammed oder seinem
Schwiegersohn Ali oder Dynastiegründer Osman gehört
haben soll; genau weiß man es heute nicht mehr. Das ist ein
Akt von tiefer symbolischer Bedeutung. Als Träger dieser
Waffe ist Süleyman nicht nur Sultan und Kalif, Anführer
der Gemeinschaft der Rechtgläubigen (Umma) und Herr
über die östlichen Lande und Meere. Das Zulfikar schreibt
den Weg vor, den er zu gehen hat: Der oberste Türke muss
Eroberer werden, wie alle, die den Krummsäbel vor ihm
getragen haben.

Osman hatte den türkischen Horden einst eine Vision, eine
Armee und eine gesellschaftliche Struktur gegeben. Orhan
setzte die Einigungsarbeit des Vaters fort und entriss Bursa
den Byzantinern. Bayezid I, „der Blitz", bezwang den Balkan und lehrte Europas Könige und Kreuzritter das Fürchten. Seine Niederwerfung durch den Mongolen Timur war
lediglich ein Zwischentief auf dem Weg zu größerer Stärke.
Denn Mehmet I hatte die Serie der osmanischen Siege
fortgesetzt und das oströmische Reich mit Ausnahme der

Mauern von Konstantinopel geschliffen. Das blieb seinem Nachfolger Mehmet II überlassen: Er holte die Kreuze von den Kirchen Konstantinopels herunter und ließ die grüne Fahne des Propheten aufziehen. Seither waren Tausende von Türken nach Rumelien geströmt und hatten Teile von Griechenland, Bulgarien und anderen Balkanländern in einen militärisch reglementierten Brückenkopf in Europa verwandelt. Selim I weitete die Grenzen des osmanischen Reiches bis an den Euphrat und den Nil. Nun bestimmen die Osmanen auch in Mekka und Medina über die Heiligen Stätten, wo sich Allah dereinst dem Propheten Mohammed eröffnet hatte. (Stähli, A., 2016b, S. 26f.)

Abbildung 12: Süleyman I, auch genannt „der Prächtige"

An dem sonnigen Oktobertag, da der 26-jährige Süleyman im Istanbuler Topkapi-Palast zum zehnten Sultan des osmanischen Reiches ernannt werden soll, kontrollieren die Türken bis auf den entlegenen Osten ganz Kleinasien, dazu die Küstenländer des Schwarzen Meeres, Syrien, den Libanon, Palästina, Ägypten und den größten Teil der arabischen Halbinsel. Dank militärischer und politischer Leistung hatte sein Vater Selim I das Hinterland des osmanischen Reichs gesichert. Süleyman weiß, wohin er nun zu ziehen hat: nach Ungarn und Österreich, gegen die arroganten

Habsburger, die seinem Volk die Zivilisation absprechen und sie verächtlich „Sarazenen" schmähen.

Der Sultan folgt seinem Auftrag. „Kaum ein Jahr nach Süleymans Thronbesteigung bringen Eilboten beunruhigende Nachrichten aus Istanbul an die europäischen Höfe: Osmanische Truppen haben Belgrad erobert. Mit seinem ersten Feldzug hat Süleyman eine Bresche in die südliche Verteidigungslinie des ungarischen Königreichs geschlagen. Plötzlich befindet sich das christliche Europa, das die Habsburger so gern beherrschen wollen, in Reichweite der vermaledeiten Türken. Der Handschuh ist geworfen." (Boom, H., 2012, S. 23) Ein Menschenleben zuvor, 1480, hatte Mehmet der Eroberer schon einmal auf das italienische Otranto übergesetzt und die Stadt mit seinen Soldaten überflutet. Damals hatte nur der Tod des Sultans das Türkenheer vom Marsch nach Norden abgehalten. Bei dem gerade 27 Jahre alt gewordenen Süleyman, so fürchten Ungarn, Böhmen und Österreicher, dürfe man nicht auf einen solchen Glücksfall hoffen.

Bangen um Ungarn, um Rom, um Wien

Wie recht sie haben. Belgrad, die damals stärkste Festung auf dem Balkan, geht 1521 nach knapp dreiwöchiger Belagerung an die Türken. Noch schneller bezwingt des Sultans oberster Seefahrer Piri Reis im Jahr darauf die Insel Rhodos, die letzte verbliebene Christenbastion im östlichen Mittelmeer. Der Sultan ist in Istanbul geblieben, denn als

Krieger muss er festen Boden unter seinen Füßen spüren. Er überlässt das Meer lieber den Kapitänen. „Nur die Eroberung neuer Gebiete brachte Ruhm, neue Titel und Land und Beute, um das Heer zufriedenzustellen. Rhodos sollte Suleimans einzige Unternehmung im Mittelmeer bleiben." (Crowley, R, 2008, S. 48)

Weitere vier Jahre später – das Datum des 29. August 1526 ist in Ungarn unvergessen – geht das gewaltige osmanische Heer auf einer Anhöhe im ungarischen Mohács gegen die Armee von König Ludwig II von Böhmen und Ungarn in Stellung. „Fünf Jahre waren seit dem Fall Belgrads vergangen und jetzt wies alles darauf hin, dass Süleyman seine Offensive gegen den Rest von Europa begonnen hatte", beschreibt der Wissenschaftsjournalist Henk Boom das Bangen der christlichen Gemeinschaft. „Nicht nur Ungarns Zukunft, sondern die Zukunft ganz Europas stand auf dem Spiel." (Boom, H., 2012, S. 90) Vergeblich hatten die Ungarn zuvor Europas Fürstenhöfe um Beistand nachgesucht. Sie, die sich unter dem gefälligen Beifall des Kontinentes angeboten hatten, das Christentum gegen die Gottesgeißeln aus dem Morgenland zu verteidigen, stehen nun alleine da.

Nach Augenzeugenberichten sollen sich in Mohács hunderttausend, anderen Berichten zufolge sogar doppelt so viele Reiter und Fußtruppen, auch türkische Minister (Wesire) und Hochadelige (Emire) zur entscheidenden Schlacht versammelt haben. Die Länge des gesamten Truppenzuges wird auf 300 Kilometer geschätzt. Manche, aber nicht alle Historiker unserer Tage winken ab: höchstens fünfzigtausend Mann seien es gewesen, alles andere sei Legende und Propaganda. (Boom, H., 2012, S. 90) Den Weg vom türkischen Edirne bis nach Belgrad hat die Streitmacht des Sultans in 50 bis 80 Tagesmärschen zurückgelegt. Plünderungen hat Süleyman strengstens untersagt. Seiner Anweisung wird gefolgt, denn die Türken wissen, dass ihr Herrscher mit Todesurteilen nicht zaudert. „Den Balkanbewohnern muss das Heer einen unvergesslichen Anblick geboten haben, als es mit Hunderten Kanonen und Dutzenden Kamelen, Ochsen und Pferden an ihnen vorbeizog." (Boom, H., 2012, S. 92) Nie zuvor ist eine derart große Armee in Europa eingefallen.

Das Blutbad von Mohács begründet Ungarns Trauma

Die christliche Truppe des Königs von Böhmen und Ungarn ist lediglich halb so stark wie die der Herausforderer – dazu unorganisiert, undiszipliniert und militärtechnisch im Mittelalter verhaftet. Das mag den gerade 20 Jahre alten Ludwig auf den Gedanken gebracht haben, sich des Sultans schon vor Beginn der Schlacht zu entledigen. In der Süleymannâme, einer historischen Sammlung von Illustrationen aus dem Leben Sultan Süleymans, die heute im Topkapi-Palast ausliegt, heißt es, dreißig Ritter seien des Nachts in das fürstliche Zelt eingedrungen und hätten Süleyman angeschossen. Daraufhin habe dieser, wie es einem Heldenepos gebührt, sämtliche Gegner mit dem Schwert hingestreckt.

Tags darauf prallen die Heere aufeinander. Das sich über Stunden hinziehende Gemetzel wird zum Albtraum des ungarischen Königs. „Der größte Teil der ungarischen Armee wurde (…) auf dem Schlachtfeld vernichtend geschlagen. Die Soldaten, die noch in der Lage waren, zu flüchten, verzogen sich in das östlich von Karasu gelegene Sumpfgebiet. Dort wurde ihnen ihr schweres Rüstzeug zum Verhängnis. Zirka 25.000 Soldaten ertranken. Auf türkischer Seite zählte man gerade 150 Tote." (Boom, H., 2012, S. 93) Unter den gefallenen Ungarn ist auch der König. Seine Leiche wird erst zwei Monate nach dem Blutbad gefunden. Da sind die Türken schon auf dem Rückmarsch. Das Land der Magyaren wird unter zwei Monarchen aufgeteilt: Im Westen regiert der ob seines unverdienten Gewinns hochbeglückte Erzherzog Ferdinand I von Habsburg, im Osten der Ungar Johann Zápolya. Er hat sich Süleyman unterworfen und ist von dessen Gnaden abhängig.

„Derartige Vasallenstaaten legten sich fast wie ein Kranz um das europäische Territorium", beschreiben die Osmanisten Klaus Kreiser und Christoph K. Neumann die Lage im 15. und 16. Jahrhundert. Denn nicht die Islamisierung der Christenheit sei das vorrangige Antriebsmoment der Osmanen gewesen, auch nicht die Suche nach Reichtum, sondern die lange verdrängte Sehnsucht nach Anerkennung durch und Integration in Europa. (Kreiser, K., Neumann, C. K., 2003, S. 115) Kriegsdienst- und tributpflichtig sind den Osmanen neben Ungarn die Fürstentümer der Moldau und der Walachei, einige im Kaukasus und in Ostanatolien, das Khanat der Krim sowie Stämme im nordafrikanischen Hinterland und die Heiligen Stätten auf der arabischen Halbinsel. Alle anderen Eroberungen verwalten die Osmanen selbst.

Auf nach Wien. Nach Wien?

Ende September 1529 belagern Süleymans Truppen zum ersten Mal den Sitz der austro-spanischen Habsburger Dynastie, in deren weltumspannenden Reich dank der Kolonien in Süd- und Mittelamerika die Sonne niemals untergeht. (siehe hierzu Stähli, A., 2013a, 2013b, 2016a) „Mit einem Mal standen Tausende Kamele vor den Toren Wiens. (…) Man sah Männer mit langen Kaftanen und bunten Turbanen durch die Gegend laufen, und bei Westwind waren das Brüllen der Kamele und das Wiehern zehntausender Pferde bis hin zum Stephansplatz zu hören. Ein paar Tage später war die Stadt von 30.000 weißen Zelten umringt, bestückt mit roten und grünen, meist mit einem Halbmond versehenen Standarten. Es sah aus, als läge Wien plötzlich in Anatolien." Sind es hunderttausend oder eine Viertelmillion Türken, zweitausend oder zwanzigtausend Kamele? Genau weiß man es heute nicht mehr. Doch „fest steht, das eine so große und vor allem exotische Streitmacht in Zentraleuropa nicht mehr gesehen worden war, seit Hannibal im 2. Jahrhundert v. Chr. mit seinen Elefanten die Alpen überquert hatte." (Boom, H., 2012, S. 122 f.)

Abbildung 13: Belagerung Wiens durch Süleymans Truppen vom 8. September bis 15. Oktober 1529

Obwohl Europas Könige um die Gefahr wissen, in der Wien schwebt, wiederholen sich die Ereignisse von 1526: Alle sprechen und bestellen Bittgebete in den christlichen Kathedralen, doch niemand greift ein. Gerettet wird die Stadt nach dreiwöchiger Belagerung und pausenlosem Beschuss durch den Eingriff des Schicksals. Ein strenger Winter setzt ein und zwingt die osmanischen Truppen zum Rückzug.

Was wollte Süleyman „der Prächtige", wie er mittlerweile in Europa halb ehrfürchtig, halb naserümpfend tituliert wird, mit der österreichischen Kapitale? Im Herzen des christlichen Kontinents eine muslimische Enklave errichten? Das hätte die Staatsschatulle der Hohen Pforte gesprengt. Hochrangige Geiseln nehmen? Weder Kaiser Ferdinand noch dessen Bruder, der bald als Karl V zum weltlichen Oberhaupt der Christenheit gekrönt werden wird, sind zum Zeitpunkt der Belagerung zugegen. Beute machen? Wien ist wohlhabend, aber die Stadtstaaten in Oberitalien hundert Mal reicher.

Ist der Angriff auf Wien also eine Machtdemonstration, um dem Kaiser jegliche Begehr an Ungarn auszutreiben, wie westliche Historiker glauben, „the hope of either capturing the Habsburg capital or at least so disrupting the Austrian military system that Ferdinand would be unable to threaten Hungary for some time to come". (Shaw, S. J., 1976, Vol. 1, S. 93) Oder liegen die vor allem türkischen Historiker mit ihrer Ansicht richtig, wonach der Sultan der ganzen Welt hatte vor Augen führen wollen, dass das Osmanische Reich der Verachtung durch die katholischen Herrscherhäuser zu trotzen vermöge? Dass man die Türken schon deshalb nicht politisch vom Kontinent ausgrenzen dürfe, weil man dies waffentechnisch gar nicht könne?

Bei aller verbalen und militärischen Zurschaustellung seiner Überlegenheit scheint sich Süleyman gegenüber dem christlichen Kaiser Karl V im Hintertreffen gefühlt zu haben. „Im Jahr 1532 antwortete Süleyman I auf die Krönung Karl V in Bologna zwei Jahre zuvor, in dem er eine Krone im europäischen Stil trug und Militärparaden europäischer Art veranstaltete – mit europäischen Gesandten an seiner Seite, und zwar in Belgrad statt in Konstantinopel." Ein Propagandakrieg gegen die universalistischen Ansprüche des habsburgischen Kaisers? Gut möglich. Denn von der osmanischen Kanzlei des Sultans wurde Karl V stets nur herablassend als „kral" (König) bezeichnet. (Gürkan, E.S., 2011)

Das Osmanische Reich auf dem Zenit seiner Macht

Mit leeren Händen zieht Süleyman nicht ab. Bevor er und seine Männer die Zelte vor den Toren Wiens abbrechen, ringt er den Habsburgern Tributzusagen für die Verschonung ihrer Stadt ab.

Zurück in der Heimat, vertreibt der Sultan die Safawiden aus dem Osten von Anatolien und bringt damit nun ganz Kleinasien in seinen Besitz. Anschließend überschreitet er die Grenze nach Persien und erobert Mesopotamien, Bagdad, Täbris und Tunis (1534). Zwei Jahre später wendet sich die osmanische Flotte erneut nach Westen und besetzt die französische Stadt Nizza. Ob aus Sorge vor dem Schicksal Wiens oder aus ökonomischem Kalkül bietet Frankreich den Osmanen ein bilaterales Handels- und Rechtsabkommen an, die sogenannte Kapitulation. Eine nicht unwesentliche Rolle dabei mag die Alexander den Großen zugeschriebene Maxime gespielt haben: Der Feind meines Feindes ist mein Freund. „Christliche Herrscher, die erkannten, dass sich die Osmanen gegen ihre regionalen Rivalen nutzen ließen (…) fanden Wege, um ein Bündnis mit dem ‚Ungläubigen' einzugehen, bisweilen auch auf Kosten der eigenen Reputation. Das galt insbesondere für geografisch weiter entfernte Staaten wie Frankreich, England, die Niederlande und Schweden. Je ferner die Bedrohung, desto geringer die Furcht." (Gürkan, E.S., 2011)

Unweit des Goldenen Horns indes ist die Angst vor den Osmanen durchaus begründet. Bis 1543 fallen Korfu, Aserbaidschan, Teile von Dalmatien und vom Jemen sowie, einmal mehr, fast ganz Ungarn an das Osmanische Reich.

Auch danach können sich die türkischen Soldaten nicht ausruhen. Zu Land geht es wiederholt gegen Persien und Ungarn, zu Wasser gegen Malta und Mallorca im weit entfernten Westen des Mittelmeers. Mittlerweile fürchten die europäischen Seefahrernationen die Flotte des Sultans mehr als die Landstreitkräfte.

Doch nicht immer triumphiert der Halbmond. Zwar gehört den Osmanen nach einem letzten Schlag gegen Venedig nun das gesamte östliche Mittelmeer, aber ihre Angriffe gegen die Inseln scheitern ebenso wie ihre Attacken gegen die Russen in Kasan und Astrachan. Auch ihre Versuche, an der indischen Westküste Fuß zu fassen, missglücken. Ebenso wenig gelingt es Piri Reis, der inzwischen zum türkischen Flottenadmiral aufgestiegen ist, den Portugiesen die Insel Hormuz abzunehmen. Immerhin beschafft er dem Sultan ein hohes Lösegeld, allerdings bringt er es nicht mit nach Istanbul. Aus Wut darüber lässt Süleyman Piri Reis öffentlich enthaupten. 1555 fällt Aserbeidschan zurück an die schiitischen Safawiden. Elf Jahre später zieht der 73-jährige

Sultan noch ein letztes Mal nach Ungarn. Dort, auf seinem 13. Feldzug, erliegt er seinen Altersleiden. Das großtürkische Reich erstreckt sich nun von Algerien bis an den Persischen Golf, von Buda bis nach Ägypten und zum Jemen.

Bei Dreien ist einer zu viel

Am Ausgang des 16. Jahrhunderts bestimmen drei Dynastien die Geschicke des Kontinents, von denen allerdings nur zwei als europäische Mächte angesehen werden:

— die zum Hause Habsburg gehörenden Spanier, reich dank gold- und silbersprudelnden Besitzungen in Mittel- und Südamerika, stark dank der gewaltigen Armada und gesegnet als Heilige Römische Nation von der Katholischen Kirche,

— die Engländer aus der Familie der Tudor, deren Flotte die Seewege und deren ausgedehntes Handelsnetz die kommerziellen Verbindungen nach Nordamerika und Fernost kontrollieren,

— und die Osmanen, die auf dem Balkan und rund um das Schwarze Meer das Sagen haben, Nordafrika und den Nahen Osten beherrschen und als Protektoren der Heiligen Stätten des Islams Mekka und Medina die Kämpfer für Allah auf ihrer Seite haben.

Unter Süleyman hat das osmanische Reich den Gipfel seines Ruhms erklommen. Kein europäischer Machthaber wagt sich dagegen vor. Längst gilt der Sultan nicht mehr als Anführer einer Horde von barbarischen Rohlingen, sondern als Führer des disziplinertesten, geschultesten, besten Heeres der Welt. Der weitgereiste französische Aristokrat Ghislain de Busbecq notiert in seinen „Türkischen Briefen" (1589/2011, S. 55): „Man hatte jetzt in Europa die Kraft, die aus dem freien Wettbewerbe aller Talente und Energien, bei Ausschaltung jeder Rücksicht auf Herkunft und äußere Umstände eines jeden sich zur Geltung zu bringen vermag, schätzen gelernt." Insgeheim waren die Vertreter der Habsburger und Tudors, der Bourbonen, derer von Nassau-Oranien und anderer Dynastien wohl auch ganz froh, durch die latente und gelegentlich manifeste äußere Gefahr aufkommende Unruhen im Inneren ihrer Länder und binneneuropäische Zwiste niederhalten zu können. (Jorga, N., 1990, Bd. III, S. 76 ff.)

Der Niedergang des Reiches kündigt sich im Inneren an

Ab Mitte des 16. Jahrhunderts erheben sich Aufstände in Anatolien. Denn das Timar-System stößt an seine Grenzen: Es gibt nicht mehr genug Land zu verteilen, die Grundstücke werden kleiner, und mehr und mehr Familien erhalten Land zur Bewirtschaftung, die nach Ansicht der Führungselite eine solche Gunstbezeugung nicht verdient haben. Das führt zu Streit, Fraktionenbildung und Verlust an Moral und Loyalität innerhalb der Truppe. Die Janitscharen, deren Hunger nach Ruhm und Beute nur durch immer neue Feldzüge gestillt werden kann, mischen sich nun auch in die Politik ein und drängen den Sultan auf Krieg. Manche Offiziere halten sich mit Schutzgelderpressung an Handwerkern und Händlern schadlos.

Die Macht der Leibgardisten wächst rascher, als Süleyman lieb sein kann. Schon haben sie vom Diwan, dem Staatsrat, die Erlaubnis errungen, heiraten zu dürfen und folglich nicht mehr ihr ganzes Leben dem Sultan verschreiben zu müssen. Ihren Gehorsam schenken sie nur dem Eroberer. Wenn der Herrscher Frieden halten will, murren sie und drohen mit offener Empörung. Süleyman ist von der Gunst seiner Offiziere abhängig.

Abbildung 14: Ibrahim Pascha

Hinzu kommt: Je weniger bewaffnete Soldaten von den Timaren gestellt werden, desto mehr Geld muss der Staat für Söldner aufbringen. In der Folge wird die Steuerschraube immer weiter angezogen. In seiner Not kommt Süleymans Großwesir Ibrahim Pascha – Freund und Vertrauter des Sultans, Berater bei der Belagerung von Wien, Leiter der Verwaltung, begabter Diplomat und Schatzkanzler –, der schon zuvor damit begonnen hat, öffentliche Ämter gegen Geld zu vergeben, auf den fatalen Einfall, die nur schleppend fließende Steuerpacht zu versteigern und das Höchstgebot sofort fällig zu stellen. Natürlich versuchen jetzt die Steuereintreiber, mehr Geld aus den ihnen zugewiesenen Gebieten herauszupressen, als sie bei der Auktion bezahlt haben. Das macht die Zeloten bei der Landbevölkerung verhasst und lässt die Korruption blühen. Ohne aufwendige Bürokratie passiert nichts, ohne Schmiergeld geht überhaupt nichts mehr.

Bürgerkrieg im Land, Intrigen im Serail

Die Bestechungspraxis reicht bis in die höchsten Kreise. Weder die osmanischen Gouverneure, die beamteten Statthalter auf dem Land, noch die Janitscharen oder die adeligen Paschas und Emire, ja, noch nicht einmal die Wesire sind vor Korruption gefeit. Wenn solch ein Vergehen ruchbar wird, zögert der Sultan nicht, Köpfe rollen zu lassen. Und sei es der seines Großwesirs, des zweiten Mannes im Staate. Dieses Amt entspricht seit 1320 etwa dem des Premierministers, allerdings unter der despotischen Willkür des Sultans. Nicht nur aufgrund der häufigen Abwesenheit der Herrscher wird es fast sechs Jahrhunderte überdauern und erst 1922 abgeschafft werden. So mancher Großwesir geht für den Sultan durchs Schwert. Einige enden auch darunter.

Großwesir Ibrahim Pascha hat das Ohr von Süleyman. Dessen Herz aber gehört Roska, der Russin.

Das Mädchen Roska, besser bekannt als Roxelane oder Roxelana, kommt zwischen 1500 und 1506 im damals polnischen Ruthenien zur Welt. Von Krimtararen entführt und als Sklavin nach Istanbul verkauft, gelangt sie in den Harem

Abbildung 15: Roxelana mit Sultan Süleyman dem Prächtigen

des Sultans. Roxelane besitzt nicht nur einen schönen, sondern auch einen klugen Kopf. 1520, kurz vor oder nach der Geburt des ersten gemeinsamen Sohnes Mehmet, wird sie als Hürrem Sultan die Gattin Süleymans des Prächtigen. Fortan ist sie erste Dame im Serail des Topkapi-Palastes, im Harem des Sultans (siehe Kapitel 5, Seite 117). Als erste Sklavinkonkubine in der osmanischen Geschichte wird Roxelane mit dem höchsten Rang unter allen Ehefrauen ausgezeichnet und in die Rolle einer politischen Ratgeberin und diplomatischen Vertreterin erhoben. Die Außergewöhnlichkeit dieser Ehe bleibt weder dem Palast noch ausländischen Gesandten verborgen.

Die Sultansgattin nutzt ihre Vertrautheit mit Süleyman, um ihre persönlichen Interessen und die ihrer Söhne durchzusetzen. Sie steckt vermutlich hinter den Intrigen, die 1536 zur Exekution von Großwesir Ibrahim Pascha führen. Der hatte den von den Janitscharen favorisierten Sohn einer anderen Ehefrau als möglichen Nachfolger Süleymans ins Spiel gebracht. Nach der Erdrosselung des Großwesirs findet dieser Knabe durch ungeklärte Umstände den Tod. Damit bleiben als potentielle Nachfolger des Sultans nur noch Söhne von Roxelane übrig. Die weltliche und geistliche Elite im Land bringt das zwar gegen die Herrschaft auf. Aber was können sie schon gegen den autokratisch regierenden Sultan und den grassierenden Nepotismus tun? Roxelane stirbt 1558. Acht Jahre später, nach dem Ableben Süleymans, tritt beider Sohn Selim II die Nachfolge des Sultans an.

Und wieder ahnen Kaiser, Könige und ihr Gefolge westlich der Hohen Pforte, dass es Krieg geben wird. Wenn das christliche Europa in den zurückliegenden 150 Jahren eines über die Osmanen gelernt hat, dann das: Jeder neue Sultan, der sein Reich erhalten und sich Ansehen verschaffen will, muss Eroberungen machen.

Doch worauf richten sich Selims Absichten? Wo würde er angreifen? Zwischen 1566 und 1571 hatten sich die Osmanen kaum auf dem Mittelmeer blicken lassen. Nur halbherzig näherten sich die Türken den italienischen Gestaden, schwangen die Säbel, feuerten aus Pistolen und zogen schneller wieder ab, als Verstärkung zu Hilfe gerufen werden konnte. „Das Mittelmeer wurde (…) zu einem Meer der Gerüchte und Mutmaßungen, zu einer Schattenwelt verifizierbarer Berichte von Spähern jeglicher Couleur. (…) Jede Seite hielt auf dem Horizont Ausschau nach Segeln, die nicht erschienen." (Crowley, R., 2008, S. 199) In Venedig, in Rom, in Wien, in Madrid, überall in Europa wird unter Bangen gerätselt: Hat der Sultan etwa die Lust am Krieg verloren? Oder wartet er nur auf den richtigen Zeitpunkt? Und wo wird er angreifen?

„Allahu Akbar", „Maria hilf!" – die Seeschlacht von Lepanto

Der 7. Oktober 1571 wird zu einem schwarzen Tag für die osmanische Flotte. Eine Woche zuvor hat sie mit Zypern die letzte größere Besitzung Venedigs im östlichen Mittelmeer erobert und die Heilige Liga damit aufgeschreckt. Nun treffen die Seestreitmacht des Sultans und die christliche Galeerenschwadron mit Spaniern, Venezianern, Genuesen, Maltesern und Kretern vor dem Eingang zum Golf von Patras aufeinander, vom Deck aus erspähen die Marinesoldaten die Hafenstadt Lepanto.

Hoch oben über den Großmästen von fast 600 Kriegsgaleeren signalisiert die Flagge mit dem Halbmond Tod und Vernichtung. Aufstellung im Zeichen des Kreuzes nehmen 206 Schiffe. Die Osmanen registrieren das Ungleichgewicht sofort: Furchteinflößend positioniert sich das türkische Flaggschiff „Sultana" direkt gegenüber der spanischen Leitgaleere „Real", hinter und neben beiden reiht sich Segel an Segel. „Allahu Akbar!", gellt es von der einen Seite. „Deus vult!", „Maria hilf!", „Santiago!" und „Eleftheria i thanatos" (Freiheit oder Tod) hallt es von der anderen zurück.

Nach fünfeinhalb Stunden Kampf ist die Schlacht gewonnen – für die katholische Liga. „Was den Christen an Manövrierfähigkeit fehlte, machten sie durch ihre Feuerkraft wett", erklärt Roger Crowley den überraschenden Sieg der Kaiserlichen. „Die spanischen Galeeren waren schwerer als jene ihres Gegners und hatten mehr Durchschlagskraft. Die

Abbildung 16: Seeschlacht von Lepanto, 7. Oktober 1571, Gemälde von Paolo Veronese

christlichen Schiffe verfügten im Durchschnitt über doppelt so viele Geschütze; wurden sie überlegt eingesetzt, konnten sie dem Gegner schweren Schaden zufügen." Dazu hatten sich die Christen etwas Neues einfallen und die Rammsporne an ihren Schiffen abnehmen lassen. „Diese waren ohnehin mehr eine Zierde als von praktischem Wert; nachdem sie entfernt worden waren, konnte man die Geschütze tiefer

ausrichten und den Feind aus kürzerer Distanz beschießen."
(Crowley, R., 2008, S. 262)

Außerdem hatten über die Schiffskörper ausgebreitete
Abwehrnetze den Türken das Entern schwer gemacht. Viele
verhedderten sich in den Seilen und kamen erst gar nicht
zum Kampf.

Am Mittag des 7. Oktober 1571 sind 117 osmanische
Galeeren erbeutet, etwa 12.000 christliche Rudersklaven
befreit, 60 Schiffe versenkt, 30 haben die Osmanen selbst
auf Grund gesetzt. Mehr als 30.000 muslimische Soldaten
werden nie wieder nach Hause zurückkehren. Die christlichen Verteidiger haben nur 13 Schiffe und 8.000 Mann
verloren.

Mit der verlustreichen Seeschlacht von Lepanto ist der Nim-
bus der Unbesiegbarkeit der osmanischen Mittelmeerflotte
gebrochen. Aber beide Parteien, die christliche Liga und das
Osmanische Reich, stachelt das nun noch mehr an.

Wieder befiehlt der Großwesir den Gouverneuren: „Mehr
Steuern!" Wieder werden Landbesitzer, Kaufleute, Händler, Handwerker im Osmanischen Reich zur Kasse gebeten,
wieder hebt Unmut an. Als die Flotte im Jahr darauf fast
vollständig restauriert ist, rasseln die unersättlichen Janitscharen aufs Neue mit den Säbeln: Timare müssen her,
Besitz, Beute. Die Seeschlacht vor Lepanto hat die Ein-
flusssphären im Mittelmeer zwar zwischen den Osmanen

im Osten sowie Italienern und Spaniern im Westen geteilt. Dennoch liebäugelt der dem Alkohol verfallene Selim II mit Angriffen auf Tunesien, unterstützt die muslimischen Kämpfer in Südostasien und legt sich immer wieder mit den persischen Safawiden an. Die Folge: Der Sultan verliert den Rückhalt der Bevölkerung. Doch für eine offene Revolution fehlen Mut und Selbstvertrauen.

Die Restauration der Köprülüs bringt das Primat des Staates zurück

Auf Selim II (1566–74) folgen mit dem geistig zurück-gebliebenen Mustafa I (1617–23), dem bei seiner Thron-besteigung erst elf Jahre alten Murad IV (1623–40) und Ibrahim dem Verrückten (1640–48) führungsunfähige Sultane. In solchen Zeiten legitimiert die Sultansmutter (valide sultan) die Dynastie und übernimmt das Interregnum. Sie ist umgeben von Vertrauten, Speichelleckern, Günstlingen und ehrlichen Ratgebern – aber: Wer ist wer? Mit den Jahren legt sich ein dichtes Beziehungsgeflecht über den Topkapi-Palast, welches nur von Insidern durchschaubar ist. Sicher ist nur, dass die Staatsbeamten die Macht im Staat sind und haben. „Man kann im osmanischen Staat des 17. und 18. Jahrhunderts ein Zurücktreten des Herrschers und ein Hervortreten der verschiedenen Amtsträger fest-stellen", fasst die Historikerin Suraiya Faroqhi zusammen und weist auf die Erkenntnis Max Webers (1921/22) hin, derzufolge Bürokratisierung und professionelle Verwaltung

Abbildung 17: Großwesir Mehmed Köprülü

kennzeichnend seien für die neuzeitliche Herrschaftsausübung. (Faroqhi, S., 2000, S. 63)

1656 beruft Mehmed IV seinen Landsmann Köprülü Mehmed Pascha (1580–1661) zum Großwesir. Dieser war im Zuge einer Knabenlese in Albanien vom Reich rekrutiert und in Köprü in Zentralanatolien erzogen worden. Als er von Mehmed IV zum Großwesir ernannt wird, ist er bereits in seinen Siebzigern, hat eine durchaus zufriedenstellende Beamtenkarriere hinter sich gebracht und ist zum Zeitpunkt seiner Ernennung gerade dabei, nach Tripolis aufzubrechen, um dort den Posten des Gouverneurs zu besetzen. Seine Bestellung hat Mehmed Köprülü der Sultansmutter Turhan Sultan zu verdanken. Er will das Amt aber nur unter der Bedingung übernehmen, dass man ihm weitreichende Vollmachten und Kompetenzen gewährt. Weil die Situation im Reich derart verfahren ist und sich die Krisen häufen, willigt die Hohe Pforte ein.

Mehmed Köprülü und seinem ihm im Amt nachfolgenden Sohn Fâzil Ahmed (1635–1676) gelingen die Wiederbelebung der Zentralregierung in Istanbul. Mit der nach ihnen benannten „Köprülü-Restauration" führen sie Sparmaßnahmen durch, verringern die Abgabenlast und schreiten

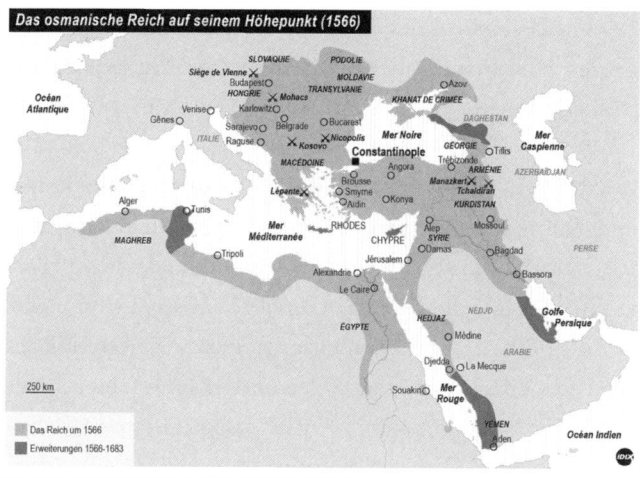

Abbildung 18: Das osmanische Reich auf seinem Höhepunkt (1566)

gegen unrechtmäßige Steuereintreibung ein. Mit starker Hand schlagen die Köprülüs die immer wieder aufflackernden Revolten in den Provinzen nieder und halten auch die aufbegehrenden Janitscharen im Zaum. Fâzil Ahmed, der vor seiner Berufung zum Großwesir auf dem Weg zum Richteramt war, ist ein gewiefter Politiker. Er schickt die Janitscharen wiederholt auf militärische Unternehmungen, in denen die Türken häufig, aber nicht immer siegen. Nach Feldzügen in Polen und Litauen erreicht das Osmanische Reich 1672 seine maximale Ausdehnung. Der Höhepunkt ist überschritten.

Aber das wissen die Sultane noch nicht.

Der Große Türkenkrieg beginnt mit der neuerlichen Belagerung Wiens und endet mit dem Verlust der südosteuropäischen Territorien.

Am 15. Juli 1683 stehen rund 200.000 osmanische Reiter und Fußtruppen vor den Toren der Stadt Wien. Zu ihrem Schutz kann die Kaiserstadt nur 16.000 Soldaten aufbringen. Der Habsburger Kaiser Leopold I (1740–1705) bleibt in dieser Situation nicht untätig. In kurzer Zeit gelingt es ihm, eine Entsatzarmee aus Polen unter König Johan III Sobieski (1629–1696) sowie deutschen und österreichischen Soldaten unter Karl von Lothringen (1643–1690) aufzustellen. Das kaiserliche Heer rückt auf Wien vor und besetzt am 11. September 1683 den von den Osmanen unverteidigten Höhenzug des Kahlenbergs westlich von Wien.

Zur entscheidenden Schlacht zwischen den 70.000 bis 80.000 christlichen und etwa 200.000 muslimischen Soldaten, die von Großwesir Kara Mustafa angeführt werden, kommt es einen Tag später. Der Kampf dauerte bis zum Sonnenuntergang. Am Abend gelingt es dem Entsatzheer unter Einsatz der schweren polnischen Reiterei, die Türken aus ihren Stellungen zu vertreiben. Ungeordnet und unter Zurücklassung des Lagers sowie des gesamten Trosses suchen sie das Weite. Kara Mustafa kann sich nach Belgrad absetzen. Nach einer erfolgreichen Intrige am Hof vom Sultan Mehmed IV wird der Großwesir abgesetzt und dem Henker übergeben.

Abbildung 19: Die Schlacht am Kahlenberg (1683)

Damit hat der Große Türkenkrieg, wie er später genannt werden wird, aber erst begonnen. Er soll noch weitere 16 Jahre im Osten und Süden Europas toben. Die Osmanen bezahlen den Frieden von Karlowitz (1699) mit dem Verlust von Ungarn und Siebenbürgen an Österreich. Die Peloponnes und Dalmatien gehen an Venedig und Podolien in der Ukraine an Polen-Litauen.

Mit Russland kommt ein neuer Widersacher ins Spiel

Als neuer Gegner an der Nordgrenze zieht das mit Macht in die Neuzeit drängende Russland heran. Schon 1695 gelingt es den Strelizen, das ist die von Zar Iwan IV um 1550 begründete Palastgarde, das Schwarze Meer zeitweilig

aus der Umklammerung durch die Osmanen zu lösen. 1739
wird dem russischen Zaren Peter I der Schwarzmeer-Hafen
Asow dauerhaft zugesprochen. Damit gewinnt er einen
Zugang zu diesem strategisch wichtigen Binnenmeer. Von
hier aus kann er den anhaltenden Raubzügen und Brand-
schatzungen der dem Sultan unterstehenden Krimtararen
in der Ukraine Einhalt gebieten. Und er kann gegen die
kosakischen Piraten vorgehen, die zeitweise auf der Seite
der Kaiserlichen stehen und sowohl den Osmanen als auch
den Russen wirtschaftlichen Schaden zufügen. Tataren wie
Kosaken stehen nämlich Peters Ziel der Einigung und
Modernisierung Russlands entgegen.

1736 marschiert der Zar auf der Krim ein und schwächt
den osmanischen Vasallen empfindlich. Im russisch-osma-
nischen Krieg von 1768–74, mit dem der Sultan in einem
letzten Kraftakt das an Polen verlorene ukrainische Podolien zurückerobern will, stellt die Marine des Zaren ihre
Stärke unter Beweis. In der Seeschlacht von Çeşme nahe
der türkischen Mittelmeerküste schlägt sie die vor Anker
liegende osmanische Flotte und bereitet ihr die größte Niederlage seit der Schlacht von Lepanto. Die Osmanen müssen
die Kontrolle über die gesamte Ägäis an Russland abge-
ben. 1783 annektiert Russland die Krim. „The loss of the
Crimean lands was a blow to the Ottomans of a magnitude
that would in earlier times have led to an immediate decla-
ration of war. That this did not happen was an acknowledge-
ment of their weakened military position, the emptiness of
the treasury, and the ascendancy of statesmen who advo-

cated peace at all costs." (Finkel, C., 2005, S. 381) Diese Häufung von Schmach, gipfelnd in der erzwungenen Öffnung des Schwarzen Meeres für die europäische Navigation, erschüttert die Grundfesten des großtürkischen Reiches bis ins Mark.

Abbildung 20: Empfang am Hofe Sultan Selim III

Die Reformen von Selim III

Im französischen Revolutionsjahr 1789 besteigt Selim III den osmanischen Thron. Der 28-Jährige träumt von der Rückeroberung der Krim und von einem festen Platz neben Europas Herrscherhäusern. Zu beider Zweck setzt er breit angelegte Reformen in Gang. Die Militärtechnik wird auf den neuesten Stand gebracht, das Finanzwesen wird reorganisiert. Auch im Bildungswesen zieht Selim neue Seiten auf: Er gründet eine Ingenieurs- und eine Seefahrtsschule mit ausländischen Offizieren als Lehrer und Betreuer. Am folgenschwersten ist jedoch sein Vorhaben, unter dem vielsagenden Namen „Neue Ordnung" eine moderne Armee nach europäischem Vorbild aufzubauen. Ab 1794 lässt Selim junge Muslime – keine Christen! – in der Bauernschaft und den unsteten Stämmen rekrutieren. Den stolzen Janitscharen gefällt das gar nicht: „Unsurprisingly the janissaries refused to serve with them." (Finkel, C., 2005, S. 392) Als Selim erwägt, die allgemeine Wehrpflicht einzuführen, entlädt sich der Zorn der Traditionstruppen in gewaltsamen Protesten. Das hält ihn von seinem Vorhaben ab. Trotzdem lassen die Offiziere den Sultan nicht mehr aus ihrem misstrauischen Blick.

Vom französischen Usurpator Napoleon I in Ägypten und Syrien herausgefordert, verstrickt sich der Sultan zwischen 1789 und 1802 in schwere Kämpfe im Nahen Osten und an der nordafrikanischen Küste. Dies und die 1806 von Selim angekündigte Aufwertung der „Neue Ordnung"-Armee (vgl. Finkel, C. 2005, S. 414 ff.) nehmen die Janitscharen, denen die militär- und innenpolitischen Erneuerungen seit Langem viel zu weit gehen, als Anlass für eine offene Revolte. Sie bringen den obersten muslimischen Rat dazu, eine Fatwa (etwa: geistliches Gebot) gegen Selim III auszusprechen, setzen den Sultan fest und lassen ihn 1807 exekutieren.

Die Janitscharen schüren die Revolutionsstimmung
in Anatolien

Dieser offene Aufstand gegen den Nachfolger Osman Gazis
ist nur möglich, weil die Janitscharen mittlerweile große
Teile der Bevölkerung gegen die Herrschaft aufgebracht
haben. Dafür gibt es eine Vielzahl von Gründen:

Zum einen schwelt seit Jahrhunderten verdeckter und offener Aufstand in Anatolien und den besetzten Gebieten, weil
vor allem die Städter und Landbesitzer für die Staats- und
Kriegskasse aufkommen müssen. Entsprechend schwächer
wird die Bindung an das Herrscherhaus, gehen Loyalität
und Opferbereitschaft zurück.

Zum zweiten erstarken die Russen auf dem Balkan. „Rußland – das damalige Zarenreich – fühlte sich bereits im
18. und vor allem im 19. Jahrhundert als Schutzmacht der
orthodox-christlichen ‚prawoslawischen‘ Völker Südosteu-
ropas, vor allem der Balkanslawen." (Ströhm, C.G., 1998)
Die Russen haben die Habsburger abgelöst, die als Verkör-
perung des Christentums lange Zeit den religiösen Anti-
poden stellten. Zudem ist die zaristische Armee seit der
Schlacht von Çeşme auch militärisch zum stärksten Gegner
aufgestiegen. Fürsten, Soldaten, die Geistlichkeit (Ulema,
siehe Kapitel 5) und bürgerliche Türken zweifeln daran,
dass man diesem Feind mit dem bisherigen Herrschaftssys-
tem etwas entgegensetzen kann.

Zum dritten begeistern sich die Massen im einsetzenden 19. Jahrhundert an der Idee des Nationalismus. In ganz Europa versuchen sich Intellektuelle eine eigene Identität zu verschaffen, wobei man Einfachheit, Brauchtum und Überlieferung besondere Aufmerksamkeit widmet und diese in einen romantischen Idealtypus verklärt. Viele Modernisierungsansätze des Sultans werden vom Adel wie von der einfachen Bevölkerung als Versuch gewertet, das Land hinter die Tradition zurückfallen zu lassen, ja, es zu europäisieren. Ersteres nicht, aber Letzteres hat der Sultan mit Sicherheit im Sinn.

Und viertens: Der technische Rückstand des osmanischen Reiches gegenüber dem christlichen Europa macht sich angesichts der zunehmenden wirtschaftlichen Verflechtungen immer stärker bemerkbar. Engländer, Portugiesen und andere Nationen können in ihren allmählich entstehenden Manufakturen kostengünstiger produzieren als die türkische Handwerkerschaft. Sie überschwemmen die europäischen Märkte, auch die im Reich des Sultans, mit billigen Waren. In den Städten nimmt die Arbeitslosigkeit dramatisch zu. Das facht den Zorn der Händler und Handwerker auf das steuergierige Regime weiter an. „Nimmt man zu diesen politischen Faktoren noch die ‚Inkorporation' in die europäisch determinierte Weltwirtschaft hinzu, die seit Ende des 18. Jahrhunderts schnell vonstatten ging, dann leuchtet es ein, dass sich der Osmanenstaat nach etwa 1815 in einer äußerst gefährlichen Lage befand." (Faroqhi, S., 2000, S. 85)

Der Kampf der Janitscharen gegen die Sultane und der sich andeutende Aufstand der Bevölkerung wird erst gut zehn Jahre später ein Ende finden – aber nur, um mit dem Eintritt neuer Mitspieler die Machtgewichte erneut zu verschieben.

KAPITEL 4

Im Strudel der Großmächte

Von der Neuordnung Europas bis zur Gründung der Türkei
(1814/15 bis 1923)

Im September 1814 beginnt der Wiener Kongress. Verhandelt wird über nicht weniger als die Neuordnung Europas nach der Niederlage Napoleon Bonapartes. Doch bevor wir uns in das Palais am Ballhausplatz zu den dort versammelten Diplomaten aufmachen, betrachten wir kurz das geopolitische Umfeld, in das das Osmanische Reich zu Beginn des 19. Jahrhunderts eingebettet ist.

Europa ist der Nabel der Welt. Die Länder Amerikas stecken in den Kinderschuhen und beginnen erst mehr oder minder entschlossen, sich von ihren spanischen, englischen und französischen Paten zu lösen. Afrika ist bis auf den Norden noch nicht erwacht. Indien ist britische Kolonie, viel weiter im Osten beuten andere europäische Seefahrernationen ihre Besitzungen aus. In China regiert mit den mandschurischen Qing die letzte einer langen Reihe von Dynastien. Um die Vormacht bei den Völkern Innerasiens zerren China im Süden und Russland im Norden. Die Welt ist nicht kleiner geworden. Aber die Distanzen sind schneller zu überwinden als noch zu Galileos Zeiten. Der Handel dringt über die Grenzen, und wo Kaufleute und Diplomaten kein Gehör finden, schüren Feuerwaffen die Neigung der Fürsten, sich fremder Territorien zu bemächtigen.

Die drei großen islamischen Reiche, die in der ersten Hälfte des Jahrtausends ständig im Streit lagen, sind auf eines zusammengeschmolzen. Die Mongolen haben sich in die nordasiatische Steppe zurückgezogen, und die Safawiden sind von Persien, Indien und den vorderasiatischen Bergvölkern aufgesogen worden. Das einzige verbliebene islamische Staatsgebiet von Gewicht ist das Sultanat der Osmanen – und das steht in diesem Jahrhundert vor seiner größten Herausforderung: „The intensification of hemispheric and global interlinkages prepared the way for the second great transition in the Turkic people's history", schreibt der amerikanische Islamwissenschaftler Carter Vaughn Findley. „The first had been their entry into Islamic civilization; the second would be their integration after 1800 into the global complex of modernity." (Findley, C. V., 2005, S. 94)

Auf dem Wiener Kongress bleibt Europa unter sich

Zu dem Gipfeltreffen, das sich über zehn lange Monate hinziehen wird – „Der Kongress tanzt, aber er kommt nicht vorwärts" (Charles Joseph Fürst von Ligne in einem Brief an den französischen Diplomaten Talleyrand) – sind Vertreter aus rund 200 europäischen Staaten, Fürstentümern, Körperschaften und Städten geladen, darunter alle bedeutenden Mächte Europas, nicht aber aus dem Osmanischen Reich. Verständlicherweise ist die Hohe Pforte verschnupft, wenngleich man in Konstantinopel – der türkische Name Istanbul wird nur im Osmanischen Reich verwendet – keine guten Erinnerungen mit der österreichischen Hauptstadt verbindet. Der Sultan verzichtet auf die Entsendung von Beobachtern nach Wien. Europas Fürsten atmen auf.

Obwohl kein kriegslüsterner Turbanträger jemals auch nur einen Fuß in die Hofburg gesetzt hat, fremdelt der habsburgische Kaiser im zweimal belagerten Wien mit dem osmanischen Volk. Überhaupt tun sich Europas Herrscherhäuser schwer mit dem entfernten Nachbarn. Anders als entre nous gibt es weder verwandtschaftliche noch religiöse Bindungen. Unverständlich ist den christlichen Kaisern und Königen die Kultur der nomadenstämmigen Turkvölker, unakzeptabel ihr muslimischer Glaube, in dem Jesu Gottessohn unter dem Namen Isa als ein Prophet unter vielen gilt. Tief stecken auch noch die Bilder und Legenden von den Kreuzzügen gegen die Muselmanen im kollektiven Gedächtnis Europas. Hinzu kommt das unbearbeitete Trauma der Türken vor Wien. All das lässt die Mitteleuropäer lieber unter sich bleiben. Man kann es verstehen. Trotzdem wird sich die unterbliebene Einbindung des osmanischen Reiches in den Wiener Kongress als folgenschwerer Fehler erweisen. Denn: „Der Balkan blieb ungeordnet und wurde zum Pulverfass, das hundert Jahre später zünden wird." (Duchhardt, H., 2014)

Umgekehrte Welt: Die Elite will verändern, das Volk will bewahren

Noch freilich stehen wir erst am Beginn des 19. Jahrhunderts – für die Osmanistin Suraiya Faroqhi ist es „das längste

Jahrhundert des Reiches". In diesem bewegten Säkulum, in dem sich das Europa der Nationen bildet, in dem die Ingenieure und Kaufleute den Philosophen den Rang ablaufen, in dessen Verlauf die Industrialisierung einen Keil zwischen Besitzende und Prekariat schieben und den Kommunismus als Gegenmacht hervorbringen wird – in just diesem Jahrhundert, da sich ganz Europa neu erfindet, wirkt das Osmanische Reich erstarrt und unfähig, sich aus den Fesseln seiner Vergangenheit zu lösen.

Zwar ruft die wissenschaftliche und die bürgerliche wie adlige Elite des Landes, die durchaus vertraut ist mit den Errungenschaften der westlichen Nachbarn, nach Aufbruch, nach Modernisierung. Doch die dörfliche Bevölkerung in Ost- und die städtische Händler- und Handwerkerschaft in Westanatolien sowie die beide für sich einnehmende Militärkaste der Janitscharen wollen das religiöse und gesellschaftliche Erbe des Reichsgründers unbedingt erhalten. Sie drängen auf Abstand zum Westen, wollen auf ihrem eigenen Weg weitergehen. „Hier bahnte sich die extreme Divergenz zwischen Ober- und Unterschichtkultur an, (...) die für das 19. Jahrhundert charakteristisch sein wird." (Faroqhi, S., 2000, S. 86)

Unterstützung gegen die Ideen der nicht immer, aber oft progressiveren Elite erfährt das wert- und strukturkonservative Volk von den einfachen Rechts- und Gottesgelehrten der Ulema (siehe Kapitel 5, S. 126). Imane und Glaubenslehrer sind strenge Bewahrer des muslimischen Gemeinwesens. Erfolge in den militärischen Feldzügen, so predigen sie, seien allein ein Gnadenbeweis Allahs für rechtgläubige Muslime. Der Mensch könne nichts dazu beitragen. Für die Frommen gebe es folglich keinen Grund, den Neuerungen der westlichen Welt nachzueifern.

Die aufgeklärtere Oberschicht glaubt es besser zu wissen. Sie widerspricht: Ohne technische und organisatorische Veränderungen, ohne Fortschritte in Strategie und Taktik könne man keinen Feldzug gegen Gegner gewinnen, die sich vom Gedanken an Gottes Allmacht gelöst hätten. „Es sei ein schwerer Irrtum anzunehmen, dass Gott, sozusagen automatisch, den Sieg der Muslime gegen die Ungläubigen veranlassen werde", zeichnet Faroqhi die Argumentation nach. „Vielmehr gebe es Regeln der Politik und des Krieges, die für alle Staaten gälten, und wer sich nicht an diesen orientiere, werde nur die eigene Niederlage vorprogrammieren." (Faroqhi, S., 2000, S. 86)

Getrieben vom Wunsch nach dem Wohlwollen der Militärs und der Massen drängt Mahmud II, der 1808 zum Sultan gekürte Neffe des von den Janitscharen ermordeten Selim III, dessen Neuerungen anfangs halbherzig zurück. Das gefällt den Menschen in den ländlichen Provinzen, den Offizieren und den Koranverkündern in den Moscheen. Sie lassen den Herrscher gewähren. Der fühlt sich sicher und gebärdet sich alsbald so selbstherrlich wie ein mitteleuropäischer Fürst zu Zeiten des Absolutismus. Mit wachsendem Sicherheitsgefühl geht der Sultan nun auch die zurückgestellten

Reformen an: Es entstehen Manufakturen, Handelshäuser, Zeitungsunternehmen und Stätten der weltlichen Kultur. Auf diese Weise erwächst dem Reich eine neue Elite, die der Sprachen und politischen und gesellschaftlichen Bräuche Westeuropas kundig ist. Schrittweise wird der Einfluss der Religionsgelehrten verringert und die Armee aus der Vorherrschaft der Janitscharen befreit.

Staathalter Muhammad Ali Pascha modernisiert die Provinz Ägypten

Als Vorbild dient dem Sultan ein Mann namens Muhammad oder Mehmed Ali Pascha (um 1770 bis 1849). Vom stellvertretenden Anführer der osmanischen Expedition gegen Napoleon in Ägypten (1801) ist er zum Statthalter und Vizekönig der Osmanen in Kairo aufgestiegen. In den Augen des Sultans legt Muhammad Ali Pascha ein vorzügliches Verhalten an den Tag. Nach dem Fall der ägyptischen Armee durch Napoleon Bonaparte (1789) hatte er grausame Rache an den Mamelucken genommen und die jahrhundertealte Praxis der Militärsklaverei abgeschafft. Im neuen ägyptischen Heer dienen nur noch mehr oder minder Freiwillige aus der Bauernschaft. Ihre Versorgung wird durch staatliche Fabriken sichergestellt, die wiederum von der Armee als sichere Abnehmerschaft profitieren. Mahmud möchte das Modell übernehmen, doch die konservativen Janitscharen halten dagegen. So stützt sich der Sultan immer stärker auf die Armee seiner ägyptischen Provinz. Technisch und organisatorisch ist sie gut ausgestattet, und die Soldaten bleiben auch ohne Übergriffe auf die Bevölkerung satt und angriffslustig.

Muhammad Ali Pascha, so lobt der Sultan, ist ein Mann der Tat und der Zeit. Mit einem Federstrich hat er die Feudalherrschaft auf dem Land abgeschafft, die bislang unangetasteten islamischen Stiftungen zur Steuer herangezogen, technische Experten zur Modernisierung der Wirtschaft ins Land geholt und

Abbildung 21:
Muhammad Ali Pascha

das Münzwesen in Ordnung gebracht. „Since Muhammed Ali was a number of steps ahead of Istanbul in the reform process, he was also the first to invite European monetary specialists." Die rieten ihm zur Finanzierung der Reformen nicht zur Abwertung der ägyptischen Währung – ein Mittel, zu dem die Sultane immer gern gegriffen haben –, sondern zur Kreditaufnahme in Europa. (vgl. Pamuk, S., 2000, S. 177) Dass er damit Begehrlichkeiten bei den französischen und britischen Geldgebern wecken wird, ist dem Vizekönig entweder nicht bewusst oder gleichgültig.

Über das Mittelmeer gelangen jetzt Dampfmaschinen, mechanische Webstühle, Druckerpressen und andere technische Innovationen nach Ägypten, auch Lehrer und Ausbilder holt der Gouverneur an den Nil. Viele Waren aus

Kairo und Alexandria finden jetzt ihren Weg nach Bursa, Istanbul, Edirne und Ankara und von dort aus weiter in die angrenzenden osmanischen Provinzen und Nachbarländer im Norden und Osten.

Als sich die Janitscharen 1826 empören, dass der Sultan nicht sie, sondern ägyptische Soldaten auf einen Feldzug nach Griechenland schickt – mehr dazu weiter unten (siehe Seite 90) –, denkt Mahmud II an das Schicksal seines Onkels und schafft das Leibcorps entschlossen ab. Fortan stützt er sich ganz auf die Armee Ägyptens.

Die Orientkrise ruft die Großmächte auf den Plan

Muhammad Ali Pascha, Mahmuds Statthalter in Kairo, schwebt im Hochgefühl dieser Macht. Ohne Rücksprache mit seinem Herrn vergewissert er sich des Rückhalts Frankreichs und fällt 1831 in die osmanischen Provinzen Palästina und Syrien ein. Im Jahr darauf marschiert sein Heer nach Anatolien. Mahmud II kann dem nichts entgegensetzen. Die geschulten und vom Eroberungsdrang beseelten Soldaten des Vizekönigs sind seinen eigenen weit überlegen und machen der Armee des Sultans ein Ende.

Als Mahmud im Sommer 1839 stirbt und dessen junger Sohn Abdülmecid I (1823–1861) die Nachfolge antritt, stehen die Vorzeichen seiner Regierung denkbar schlecht. „Er hatte keine Flotte im Mittelmeer und kein Heer. (…) Außerdem konnte er nicht auf Gelder in der Staatskasse hoffen, denn das Finanzministerium litt unter einem solch chronischen Defizit, daß Mahmut in seinen einunddreißig Jahren Regierungszeit zweiundsiebzigmal eine Währungsabwertung genehmigt hatte." (Palmer, A., 1992, S. 158)

Abbildung 22: Sultan Abdülmecid I

Der 16-jährige Sultan hört deshalb auf den Rat seiner Wesire, nach der sich die sogenannte Orientalische Krise nur abwenden und der Bestand des Reiches sichern lässt, wenn die Pforte die europäischen Großmächte zu Hilfe ruft. Diese, so warnen die Ratgeber, werden ihren Beistand allerdings an Bedingungen knüpfen. Das bedeutet: Der Sultan muss seine Interessen mit den Mächtigen auf dem Kontinent verhandeln. Und deren Pläne lauten so:

Russland will nach Westen und Süden expandieren. Folglich ist dem Zar an einer Schwächung des Osmanischen Reiches gelegen. England, als Weltmacht im Abstiegs- und als Industriemacht im Aufstiegskampf, beobachtet die wirtschaftliche Emanzipation in Ägypten mit Sorge und fürchtet deren Übertragung auf Kleinasien. Ein Rivale an der Südostspitze Europas? Never ever! Österreich hat seit den Belagerungen von 1529 und 1683 noch eine Rechnung mit den Osmanen offen. Die Franzosen brauchen ihren Verbündeten Muhammad Ali Pascha, weil sie seit der Kolonialisierung Algeriens (1830) ein Auge auf ganz Nordafrika geworfen haben. Auch Preußen, das sich zwischen den lautsprecherisch auftretenden Nachbarn Russland und Frankreich zunehmend unwohl fühlt, wird zur Konferenz nach London gebeten. Auf der soll im Juli 1840 die Orientkrise geklärt werden.

Zuerst entscheiden die vier Mächte zugunsten Sultans Abdülmecid I und gegen den ägyptischen Gouverneur Muhammad Ali Pascha. Dieser wird ultimativ zur Rückgabe der annektierten Gebiete verpflichtet. Weil er die Frist ungerührt verstreichen lässt, entsenden die Alliierten Soldaten nach Syrien. 1841 gibt Frankreich seine Unterstützung auf, und Muhammad Ali muss sich den in London ausgehandelten Bedingungen beugen. Im Gegenzug wird seine Herrschaft über Ägypten von den europäischen Mächten anerkannt und er selbst in den Rang eines erblichen Wali (etwa: König) erhoben – allerdings um den Preis, dass sich das Land am Nil für die europäische, de facto die britische Wirtschaft öffnet. Auf diese Weise tragen alle Seiten bis auf die Osmanen Gewinn davon. Denn die wohlhabende ägyptische Provinz ist für das Reich unwiderruflich verloren.

Zerfallserscheinungen auf dem Balkan

Der Kampf um Ägypten ist nur ein Beispiel für den wie ein Lauffeuer um sich greifenden Nationalismus, mit dem sich der Vielvölkerstaat der Osmanen zu Beginn des 19.

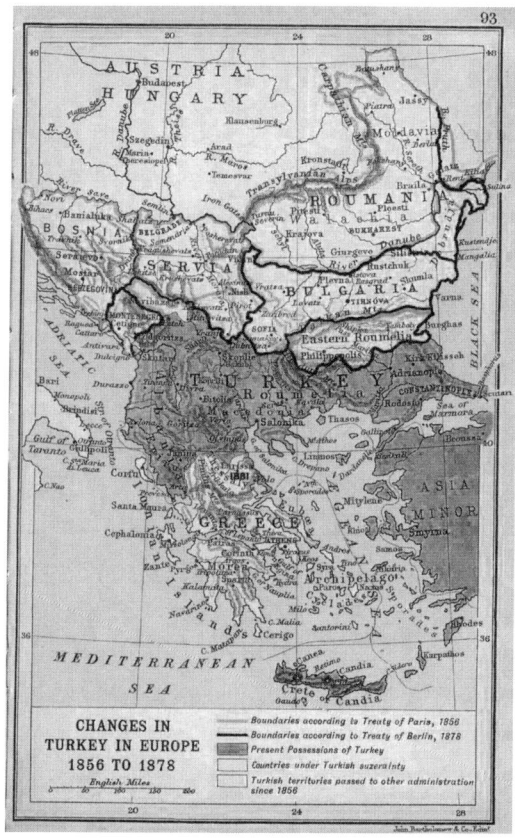

Abbildung 23: Osmanischer Balkan 1878

Jahrhunderts konfrontiert sieht. Bereits ab 1800 kommt es in den besetzten Gebieten immer wieder zu offenen Protesten und Scharmützeln zwischen Aufständischen und Verteidigern der Pforte. Die Rebellen verlangen einen eigenen Staat, zumindest aber mehr Selbstbestimmung. Offen oder hinter den Kulissen beteiligt am Geschehen sind stets die europäischen Großmächte, allen voran England und Russland.

Als erste erheben sich 1804 die Serben. Bis 1830 erhält das Fürstentum weitgehende Autonomie, bleibt aber Teil des osmanischen Reiches. In den 1820er Jahren gewinnt die von England und Russland unterstützte Unabhängigkeitsbewegung in Griechenland an Dynamik. 1821 erheben sich die Händler und Kaufleute, sie werden von einflussreichen Griechen in der Verwaltung unterstützt. 1826 kommt es zum offenen Krieg, und Sultan Mahmud II ist gezwungen, die ägyptischen Truppen von Muhammad Ali Pascha zu Hilfe zu rufen. Trotzdem muss er 1830 den Peloponnes und Attika als selbstständigen Staat Griechenland unter der Schutzherrschaft der europäischen Mächte in die Unabhängigkeit entlassen.

Die osmanischen Territorien Moldau und Walachei werden von Statthaltern regiert, die mehr oder weniger autonom vorgehen können. Hier ist von der beginnenden Industrialisierung kaum etwas zu spüren, entsprechend langsam nimmt die Freiheitsbewegung Fahrt auf. Wie seit Jahrhunderten leben die Menschen bescheiden von Ackerbau und Viehzucht und lassen sich allenfalls in religiösen Fragen gegen die muslimische Herrschaft aufwiegeln.

Je weiter man nach Osten auf das Gebiet des heutigen Bulgariens gelangt, desto stärker nimmt die Dichte an Manufakturen und des griechischen und russischen Einflusses zu.

Auch hier flackert immer wieder der Widerstand von patriotischen Freiheitskämpfern auf. So sie christlich-orthodoxen Glaubens sind, werden sie von Russland, der selbsternannten Schutzmacht des Balkans, unterstützt. Den Zar treibt die Hoffnung, über die Stärkung der Freiheitsbewegung auf dem Balkan mehr Bewegungsspielraum und idealerweise einen Zugang zum Mittelmeer zu bekommen. Genau das wollen die Engländer verhindern. Denn „bis in die achtziger Jahre neigte man in englischen Regierungskreisen dazu, auf die Erhaltung des Osmanenstaates als Riegel gegenüber der Expansion des Zarenreiches zu setzen." (Faroqhi, S., 2000, S. 91)

Bis etwa 1870 geht es den Balkanfürstentümern vor allem um ihre Befreiung von den osmanischen Fesseln. Danach setzen Bestrebungen nach Vergrößerung des jeweiligen Territoriums und der Bevölkerung ein, selbst wenn letztere nicht der eigenen Ethnie entstammten. In Griechenland beispielsweise beanspruchen die Anhänger der sogenannten Megali Idea („Große Idee") das gesamte Gebiet des vormaligen Byzantinischen Reiches. Tatsächlich wird die griechische Regierung im Jahr 1919 einen Feldzug nach Westanatolien ausrüsten, um diesen Plan zu verwirklichen. Zeitweise besetzen die Hellenen die kleinasiatische Küste mit der Stadt Smyrna (türkisch Izmir). Drei Jahre später wird der griechisch-türkische Krieg mit einer verlustreichen Niederlage Griechenlands enden. Seither ist die „Große Idee" vom Tisch.

Die auf dem Balkan und im Mittelmeerraum engagierten Großmächte wollen in diesem Jahrhundert, in dem um die Vormachtstellung in Europa gestritten wird, vor allem eines: Im Osmanischen Reich soll ihnen kein weiterer Rivale entstehen. „Deshalb enthielten die Friedensschlüsse hauptsächlich solche Bestimmungen, auf die sich die betroffenen Großmächte einigen konnten. Die Regierung des Sultans spiele bei all dem nur eine Nebenrolle." (Faroqhi, S., 2000, S. 92)

Der „kranke Mann am Bosporus"

Weil das Osmanische Reich im Laufe des 19. Jahrhunderts mehr und mehr zum Spielball der europäischen Mächte wird, spotten die Gazetten über den „Kranken Mann am Bosporus". Geprägt hat das Wort der russische Zar Nikolaus I. 1852 sagte er in einem Gespräch mit dem britischen Botschafter über Sultan Abdülmecid I, der sich auf der Konferenz von London zwölf Jahre zuvor vertreten ließ: „Wir haben einen kranken Mann auf den Armen. Es wäre ein Unglück, wenn er uns eines Tages entfallen sollte." (Herm, G., 1993, S. 278) Dieser Ausdruck wird zum geflügelten Wort für den zusehends zerfallenden osmanischen Vielvölkerstaat.

Die Frage nach dem Fortbestand des Reiches wird ein Dauerthema der Diplomatie. Russland sieht die Chance, seinen Einfluss in Europa zu stärken und sucht die Regierungen Österreichs und Großbritanniens für eine Aufteilung des

Osmanischen Reiches zu gewinnen. Österreich, Großbritannien und Frankreich fürchten jedoch die Expansion Russlands und tendieren daher dazu, das Osmanische Reich in seiner Schwäche und in seiner gewaltigen Ausdehnung zu belassen. Bei einem Zusammenbruch des Reiches, so argumentieren sie, würde ein Machtvakuum entstehen, das Russland mit Vergnügen füllen würde. Für Großbritannien geht es überdies darum, die Verbindungswege nach Indien zu kontrollieren und die Vormachtsbestrebungen Russlands in Asien zu unterbinden.

In dieser von gegenseitigem Misstrauen und Belauern geprägten Zeit wechseln die Großmächte aus taktischen Gründen häufig die Bündnispartner. Im Krimkrieg (1853–1856), der durch die russische Besetzung der osmanischen Fürstentümer Walachei und Moldau ausgelöst wurde, kämpfen Großbritannien, Frankreich und Sardinien-Piemont auf Seiten des Sultans. Im Frieden von Paris geht ein Teil des 1812 von Russland gewonnenen südlichen Bessarabien wieder zurück ans Fürstentum Moldau, und das Schwarze Meer wird entmilitarisiert. Zugleich wird die territoriale Unabhängigkeit und Unverletzlichkeit des Osmanischen Reiches garantiert.

Tanzimat-Reformen ab 1839

Zurück zur Innenpolitik. Noch in den Regierungszeiten von Abdülmecid I und seinem ihm nach dem Tod nachfolgenden Bruder Abdülaziz (1830–1876) – er ist der erste

Sultan, der ins westliche Ausland reist – wird eine Reihe bemerkenswerter, aber auch teurer und größtenteils durch Anleihen beim Ausland finanzierter Veränderungen durchgeführt. Ab 1839 bläst frischer Wind durch das Osmanische Reich. Neben kleineren Neuerungen werden Banknoten eingeführt (1840), Postämter eröffnet (1840), der Vorläufer eines Parlamentes installiert (1841), die Armee reorganisiert (1843/44), eine Nationalhymne und eine Nationalflagge kreiert (1844), ein Identitätsausweis zur Pflicht erhoben (1844), ein Erziehungsministerium eingeführt (1845), die Sklaverei abgeschafft (1847), Universitäten, Akademien und Lehrerfortbildungsanstalten gegründet (1848), ein Gesundheitsministerium (1850) und Handelsgesetze (1851) eingeführt, Nicht-Muslimen erlaubt, Soldat zu werden (1856), die Telegrafie (1847), Dampfschiffe (1851) und Eisenbahnen (1856) in Gang gesetzt, zivile Schulen eingerichtet (1859), die erste osmanische Börse gegründet (1866) und schließlich das Nationalitätsgesetz erlassen (1869), das allen Bewohnern des Reiches unwiderruflich die türkische Staatsbürgerschaft verleiht. (vgl. Pohanka, R., 2016, S. 193 f.)

Bestätigt und gefestigt werden die unter dem Namen „Tanzimat" (Heilsame Neuordnung) bekannt gewordenen Reformen von einem 1856 im osmanischen Gülhane verkündeten Edikt des Sultans. Nach dieser Anweisung stehen männliche Nichtmuslime im Reich fortan auf der gleichen Stufe wie männliche Muslime. Ein neues Justizsystem wird eingeführt, das Steuerwesen reorganisiert und eine allgemeine

Dienstpflicht in der Armee erhoben. 1863 lässt der Sultan die Provinzialordnung erneuern, 1868 einen Staatsrat und ein Kassationsgerichtshof einrichten. Zur Ausbildung von Juristen wird 1870 eine neue Rechtsschule gegründet, die bald den traditionellen Madrasas (islamische Rechtsschulen, vgl. Stähli, A., 2016, S. 158 f.) den Rang abläuft.

All diese zahlreichen Reformen ändern aber nichts an der plan- und disziplinlosen Haushaltspolitik. 1875 stellt das Osmanische Reich die Schuldentilgung ein und erklärt im Jahr darauf offiziell den Staatsbankrott.

Exkurs:
Die fatalen Finanzen im Osmanischen Reich

Am Hof der Sultane ist das Geld notorisch knapp. Die osmanischen Fürsten leben permanent über ihre Verhältnisse, Prunk und Pracht stehen in höherem Rang als gesunde Staatsfinanzen. Wenn die Mittel ausgehen, werden die staatlichen Steuereintreiber mobilisiert und die Armee in Gang gesetzt, um neue, möglichst wohlhabende Gebiete zu erobern. Bis tief hinein in das 14. Jahrhundert, da sich das Reich sehr schnell ausdehnte, hat diese Kapitalbeschaffungsmethode wunderbar funktioniert. Danach jedoch reichen weder Steuern noch Beute aus, um die allfälligen Rechnungen der Sultanatsverwaltung bezahlen zu können.

Nur zu gern springen die vermögenden italienischen Stadtstaaten in die Bresche. Für ihre Darlehen lassen sich hohe Zinsen sowie in Vertragsform gefasste Privilegien des Sultans geben. Diese heißen „Kapitulationen", da die Verträge kapitelweise paraphiert werden. In den Genuss derartiger Handelsverträge, wie sie später auch mit Frankreich und England abgeschlossen werden, kommen nur dem Osmanischen Reich freundlich gesinnte Staaten. Deren Händler dürfen in den türkischen Häfen an Land gehen und dort Handel treiben, ja sie haben sogar den Status von Freunden inne.

Das erste bilaterale Handelsabkommen wird im Jahr 1352 mit der Republik Genua geschlossen. In den 1380er Jahren folgt ein Vertrag mit der Republik Venedig, Mehmed II schließt mit der Republik Florenz ab, Bayezid II leiht sich Geld von Neapel. 1517 vereinbart die ägyptische Mameluckendynastie mit Frankreich ein umfassendes Kredit- und Handelsabkommen. Es wird ohne große Prüfung auf die langfristigen Konsequenzen von der Pforte ratifiziert. Um 1580 tritt England in das Kapitalgeschäft und den direkten Handel mit dem Osmanischen Reich ein, im 17. Jahrhundert auch Frankreich und die niederländischen Provinzen. Im 19. Jahrhundert reiht sich Preußen in die Schar der Geldgeber ein. Weil Haushaltspläne und Budgetüberwachung verpönt sind, haben die Sultane keinen Überblick über die chronisch desolate Lage der Staatsfinanzen. Zeitweise muss das Reich bis zu 80 Prozent des Staatshaushalts für

Abbildung 24:
Sultan Abdülhamid II

die Tilgung des Fremdkapitals aufwenden.

Die Kapitulationen lindern zwar die akute Geldnot des Herrscherhauses. Doch die dafür den Gläubigern eingeräumten Zollerleichterungen belasten die osmanische Wirtschaft auf Dauer, zumal sich die europäischen Geldgeber hüten, den Osmanen paritätische Handelsvorteile zu gewähren. Dies verschlechtert die wirtschaftliche Position des Osmanischen Reiches gegenüber der europäischen Konkurrenz. Die europäischen Kaufleute freuen sich über Gewinne, die Finanzminister fürchten, ihre Kredite abschreiben zu müssen und verlangen dafür immer höhere Zinssätze. Ab dem 16. Jahrhundert haben die Schuldverschreibungen des Osmanischen Reiches den Charakter von Ramschpapieren.

In den ersten Jahren seiner Regierung versucht Abdülhamid II (1842–1918, Sultan von 1876–1909) die desolaten Finanzen zu sanieren. „Die sich seit der zweiten Hälfte des 16. Jh. dahinschleppende Finanzkrise hatte sich bis zu den 80er Jahren des 19. Jh. verschärft", fasst der aus Ungarn stammende Islamkundler und Turkologe Josef Matuz zusammen. „Nach wie vor hatten die traditionellen Ursachen der notorischen Geldverknappung weitergewirkt, vor allen Dingen der verschwenderische Umgang der öffentlichen Bediensteten mit den ihnen anvertrauten Mitteln. (...) Dazu kam, daß die Modernisierungsversuche im Heer und die verschiedenen, beinahe permanenten bewaffneten Auseinandersetzungen und Kriege die osmanische Staatskasse schwer belasteten. (...) Die Auslandsanleihen, die die Pforte seit 1854 bei England und Frankreich aufnahm, wurden nicht zur Sanierung verwendet, sondern größtenteils sinnlos vergeudet." (Matuz, J., 2012, S. 246)

Erst 1881 kann durch Umschuldung und internationale Schuldenverwaltung eine Lösung des osmanischen Finanzproblems gefunden werden. Der Preis dafür sind ein noch massiveres Eindringen europäischen Kapitals in das Land und wachsende Abhängigkeit von europäischen, besonders britischen und französischen Finanzmitteln. Hellsichtig konzentrierten Engländer und Franzosen ihre Investitionen auf die arabischen Teile des Osmanischen Reiches, auf Palästina und Syrien.

Die erste Verfassung von 1876 und was davon bleiben wird

Inzwischen gärt es auf dem Balkan weiter. 1876 schließen sich Griechenland, Serbien, Rumänien und Montenegro sowohl gegen das Osmanische Reich als auch gegen die europäischen Großmächte zusammen. In Bulgarien erfolgt ein Aufstand, Serbien ruft den Kriegszustand aus. Zu Lösung der Balkankrise drängen die Briten auf eine internationale Konferenz. Diese findet um Winter 1876/77 in Konstantinopel statt.

Abdülhamid II unterstützt nach außen hin die liberale Reformbewegung. Auf der Konferenz kündigt er die Einführung einer Verfassung und eines parlamentarischen Zwei-Kammern-Systems an. Konstituierende Merkmale der Verfassung sollten unter anderen sein: die Unteilbarkeit des Reiches, der Islam als Staatsreligion bei gleichzeitiger Zusicherung von Religionsfreiheit sowie die Beteiligung sämtlicher Religionsgemeinschaften am Parlament. Allerdings darf nur der Sultan Gesetzesinitiativen einbringen. Und er behält sich das Recht vor, das Parlament jederzeit auflösen zu können.

In Wahrheit will Sultan Abdülhamid II an der absolutistischen Herrschaft und am Palast als Zentrum der Macht festhalten. Tatsächlich gelingt es ihm eine Zeit lang, die aufständischen Balkanvölker und die europäischen Großmächte hinters Licht zu führen. Innenpolitisch regiert er nach wie vor autokratisch. Seinen Untertanen gegenüber gibt er sich populistisch und beschwört die islamische Verankerung des Landes. Das sichert ihm die Zustimmung zu Hause wie auch das Wohlwollen der Korananhänger in anderen Teilen der Welt. Zum Bespiel in Indien, wo sich die Muslime immer offensiver gegen die englische Kolonialmacht auflehnen und in völliger Verkennung der Machtverhältnisse von osmanischer Seite Rückendeckung erwarten. (Faroqhi, S., 2000, S. 97) Darüber hinaus bindet Abdülhamid II seine arabischen Untertanen stärker als bisher in das Staatswesen ein. Denn auf die Balkanprovinzen, das scheint der Sultan zu ahnen, kann er sich nicht mehr sehr lange verlassen.

Seine Befürchtungen treten noch schneller ein. Im Frühjahr 1877, nur weniger Monate nach dem Reformversprechen Abdülhamids, formulieren die europäischen Mächte im Londoner Protokoll Grundsätze zur Lösung der Balkankrise. Das Osmanische Reich lehnt diese ab. Russland erklärt daraufhin den Krieg, marschiert im östlichen Teil des Reiches ein und hält auf die Hauptstadt zu. Das osmanische Heer kann dem nichts entgegensetzen und gibt sich geschlagen. Ein Jahr später muss der Sultan als Bedingung des auf dem Kongress von Berlin bestätigten Friedenvertrages von San Stefano fast alle europäischen Besitzungen abtreten. Serbien und Montenegro werden selbstständig, Moldau und die Walachei schließen sich zum autonomen Staat Rumänien zusammen. Das Fürstentum Bulgarien bleibt tributpflichtig. Bosnien, Herzegowina und der Sandschak Novi Pazar, ein Gebiet im Südwesten Serbiens und im Kosovo, werden von Österreich-Ungarn besetzt. Auch Russland und Griechenland bekommen Gebiete zugesprochen. Zypern ist bereits Großbritannien zugefallen.

Drei Jahrzehnte Autokratie rufen die Jungtürken auf den Plan

In der Folge macht Abdülhamid II – der noch nicht weiß, dass die mehr als 600 Jahre lang herrschende Dynastie der Osmanen bald zu Ende gehen wird – von seinem Recht Gebrauch und löst das von ihm ohnehin nur halbherzig konstituierte Parlament auf. Die Verfassung allerdings bleibt formell in Kraft. In den nächsten drei Jahrzehnten, von 1878 bis 1908, regiert der als Despot geltende Sultan nach eigenem Gusto.

Finanziell wird die Hohe Pforte nun vollends abhängig von den europäischen Großmächten. 1876, nach der Erklärung des Staatsbankrottes, hatte die von sieben europäischen Geldgeberstaaten gegründete Osmanische Staatsschuldenverwaltung (Dette Publique Ottomane), ein Bankenkonsortium unter französisch-britischer Leitung, die Schuldenverwaltung übernommen. Frankreich ist mit einem Anteil von 40 Prozent der größte Gläubiger der Osmanen, gefolgt von England mit 29 Prozent, den Niederlanden mit 7,6 Prozent, Belgien mit 7,2 Prozent und dem Deutschen Reich mit 4,7 Prozent. (Schöllgen, G., 2000, S.61 f., dazu auch Matuz, J., 2012, S. 245 ff.) Das Interesse der europäischen Kapitalgeber konzentriert sich auf Rohstoffquellen und Großprojekte wie den Bau der Bagdadbahn vom türkischen Konya bis in den Irak. Den Zuschlag dafür bekommt das Deutsche Reich, das spätestens seit dem Berliner Kongress zum guten Partner für das Osmanische Reich geworden war.

Jungtürken und Zweite Verfassungsperiode
(1908 bis 1918)

Bereits seit 1876 hatten die gleichermaßen nationalistisch wie reformistisch gesonnenen Jungosmanen oder Jungtürken eloquent und unüberhörbar politische Reformen gefordert. Im In- und Ausland finden sie Zustimmung und Verbündete in ihrer Opposition, die sich vor allem gegen die mächtigen Bürokraten im Osmanenstaat richtet. Bis in die ersten Jahre des 20. Jahrhunderts liegt der Schwerpunkt ihrer agitatorischen Arbeit in den europäischen Provinzen des Osmanischen Reiches, allen voran in Makedonien mit dem Zentrum Saloniki.

In der westtürkischen, heute griechischen Stadt zetteln sie im Sommer 1908 unter Führung von Enver Pascha und Talât Pascha eine Militärrevolte gegen den absolutistisch regierenden Sultan Abdülhamid II an. 1909 erzwingen die Jungtürken die Wiederinkraftsetzung der seit 1878 suspendierten Verfassung und setzen den Sultan ab. Formal folgt ihm sein Bruder Mehmet V nach. Faktisch übernehmen die Jungtürken die Macht. Sie behalten sie, mit kurzen Unterbrechungen, bis 1918.

Mit Beginn der zweiten Verfassungsperiode im Osmanischen Reich gewinnt das Militär erneut an Einfluss. Die Hochrüstung der Armee verschlingt jedoch viel Geld, das für zivile Zwecke und die versprochenen Reformen fehlt. Kredite von ausländischen, vor allem von deutschen Banken finanzieren die Waffenkäufe bei ausländischen, vor allem

bei deutschen Rüstungsher-
stellern.

Waffen wollen eingesetzt
werden. Entsprechend kriegerisch gestaltete sich die
Dekade, in der die Jungtürken das Reich mit Gewalt
in die Moderne bringen
wollen. 1911 geht Tripoli-
tanien, das heutige Libyen,
an Italien verloren. Ein Jahr
später erklären Bulgarien,

Abbildung 25: Enver Pascha, Anführer
der Jungtürkenbewegung

Serbien, Griechenland und Montenegro, die sich im sogenannten Balkanbund zusammengeschlossen haben, den ersten Balkankrieg gegen das Osmanische Reich. Der Bund
gewinnt, und das Reich verliert fast alle europäischen Besitzungen. Anschließend wechseln die Fronten. Im zweiten
Balkankrieg greift Bulgarien seine ehemaligen Verbündeten an, die nun von den Osmanen unterstützt werden. Nach
der Niederlage Bulgariens im Jahr 1913 wird der Grenzver-
lauf zwischen Bulgarien und der Türkei so festgelegt, wie
er sich noch heute darstellt. „Damit war bereits vor dem
Beginn des Weltkriegs das Osmanische Reich in Europa
weitgehend auf die Grenzen der heutigen Türkei zurückge-
worfen". (Faroqhi, S., 2000, S. 98)

Der Verlust der wohlhabenden Provinzen auf dem Balkan
bringt enorme Einbußen für den hoch verschuldeten osma-

nischen Staat. Gleichzeitig müssen Tausende von Flüchtlingen versorgt werden. Innenpolitische Unruhen brechen aus. Kundgebungen und Tumulte sind an der Tagesordnung, es wird ideologisiert, konspiriert, spioniert, Anschläge werden vorbereitet und Verhaftungen zu ihrer Unterbindung durchgeführt. Die Revolution ist nur einen Schuss weit entfernt – da fällt der Kriegsminister einem Attentat zum Opfer, der Großwesir wird mit der Waffe am Kopf zum Rücktritt gezwungen und dessen Nachfolger kurze Zeit später ebenfalls ermordet.

In diesem Chaos greift das nationalkonservative „Komitee für Einheit und Fortschritt" der Jungtürken, das schon den Putsch von 1908 angestachelt hatte, offen nach der Macht. Bisher hat es hinter den Kulissen die Politik bestimmt, aber damit ist nun Schluss. Nun hat auch das Osmanische Reich eine Revolutionsregierung, wenngleich sie sich hinter dem scheinbar neutralen Großwesir Said Halim Pascha versteckt. Er ist ein Enkel des Osmanen-Statthalters und späteren Wadi von Ägypten Muhammad Ali Pascha. Mit Billigung des Komitees wird Halim Pascha in den kommenden Jahren diktatorisch herrschen, Todesurteile unterzeichnen, die freie Presse verbieten und Hunderte von Intellektuellen ins Exil verbannen. Sultan Mehmet V beschränkt sich auf repräsentative Aufgaben.

Einer der führenden Aktivisten des Revolutionskomitees ist ein junger Türke mit Namen Mustafa Kemâl Pascha. Von ihm wird noch zu hören sein.

Der Erste Weltkrieg

Am 1. August 1914 ahnen weder der Sultan noch die politische Führung des Osmanischen Reiches, dass einige Männer des Revolutionskomitees am kommenden Tag mit dem Deutschen Reich ein geheimes Bündnis schließen werden. Danach soll das Osmanische Reich am selben Tag wie Deutschland in den Krieg eintreten, der mit der Kampfansage der Österreich-Ungarischen Monarchie an Serbien am 28. Juli 1914 begonnen hat.

Genauso kommt es. Am 1. August hat der deutsche Kaiser Wilhelm II Russland den Krieg erklärt, am 2. August findet das Geheimtreffen von deutschen und türkischen Politikern und Militärs statt. Am 3. August verkündet die osmanische Regierung, sich in einer „bewaffneten Neutralität" aus den Kampfhandlungen heraushalten zu wollen, gliedert aber schon drei Tage später deutsche Kriegsschiffe in die eigene Marine ein und kündigt am 15. August die Zusammenarbeit mit den Seestreitkräften von England. Damit ist klar, dass das Osmanische Reich auf der Seite der Mittelmächte steht und gegen England und Russland Krieg führen wird. Am 12. November 1914 erklären die Osmanen der Triple Entente aus Frankreich, England und Russland offiziell den Krieg.

Drei Gründe bestimmen die Entscheidung der Osmanen. Zum einen kann sich das tief bei den europäischen Mächten in der Kreide stehende Land keine Neutralität leisten. Zum zweiten bangen die Osmanen vor Russland – und liebäu-

geln drittens mit der Rückeroberung der verlorengegange-
nen Gebiete auf dem Balkan.

Der Historiker Eugene Rohan vertritt die Meinung, dass
die Rolle des Osmanischen Reiches zwischen dem Ersten
Weltkrieg und dem Aufstieg des Mittleren Ostens historisch noch nicht erschöpfend eingeordnet ist: „For, more
than any other event, the Ottoman entry into the war turned
Europe's conflict into a world war. (…) Mayor battles were
fought over the full four years of the war in the Middle East.
Moreover, the Middle East battlefields were often the most
international of the war." Zumindest militärhistorisch setze
die Globalisierung mit diesem großen Krieg ein: „Austra-
lians and New Zealanders, every ethnicity in South Asia,
North Africans, Senegalese, and Sudanese made common
cause with French, English, Welsh, Scottish, and Irish sol-
diers against the Turkish, Arab, Kurdish, Armenian, and
Circassian combatants in the Ottoman army and their German and Austrian allies." (Rohan, E., 2015, S. xvii) Zu
Recht kann man die Frage aufwerfen, ob es womöglich die
historische Aufgabe des Osmanischen Reiches gewesen ist,
die Menschheitsgeschichte um eine neue Wendung zum
Miteinander im Gegeneinander bereichert zu haben.

Zurück zu den Jungtürken und ihre Begeisterung für den
Krieg. Die Bevölkerung teilt diese nicht, auch vier Minister
treten empört zurück. Cavit Pascha ist einer von ihnen. Er
erklärt am Tage des Kriegseintritts: „Dies wird der Ruin
unseres Landes sein – selbst wenn wir gewinnen." (Nicolle,

D., 2008, S. 168) Tatsächlich löst sich die Hoffnung auf
Rückgewinnung der verlorenen Gebiete sehr schnell auf.
Bereits im ersten Kriegswinter 1914 geht ein Feldzug gegen
die russischen Truppen im Kaukasus verloren. Noch im selben Jahr erklärt England die von ihm seit 1882 besetzte
Provinz Ägypten zum britischen Protektorat, vulgo zu seiner Kolonie.

1915 beginnt in Ostanatolien ein Bürgerkrieg zwischen
Muslimen und Armeniern. Die Russen schicken Truppen,
daraufhin lässt die osmanische Regierung die armenische
Bevölkerung nach Nordirak zwangsumsiedeln. Millionen
von Menschen kommen dabei sowohl planvoll als auch
unbeabsichtigt ums Leben. Der erste Genozid im 20. Jahrhundert ist nicht zu leugnen. Historiker haben mehr als
genug Beweise, dass „the Young Turks issued secret orders
for the mass murder of Armenian deportees". (Rohan, E.,
2015, S. 172)

Trotz dieser Vorkommnisse trägt das Kriegsjahr 1915 bis
heute das türkische Selbstbewusstsein. Denn in diesem Jahr
wird der 34-jährige Offizier Mustafa Kemâl Pascha zum
Nationalhelden. In der Schlacht um die Meerenge der Dar-
danellen bei Gallipoli westlich von Istanbul wehren die
osmanischen Soldaten unter seinem Befehl den Angriff
britischer, französischer, australischer und neuseeländischer
Truppen ab. Die Schlacht steht für Patriotismus und Opfer-
mut. „Ich befehle euch nicht zu kämpfen, sondern zu ster-
ben", soll Kemâl seinen Soldaten zugerufen haben.

Abbildung 26: Sinkendes englisches Schiff „Irrestible" in der Seeschlacht von Gallipoli

Dieser Sieg hält den Untergang des Osmanischen Reiches aber nicht auf. 1917 gehen auch die türkischen Provinzen Palästina und Syrien an die Engländer verloren.

Der letzte Vorhang

1918, wenige Monate vor dem Ende des Kriegs, ziehen die Soldaten des Reiches gegen Armenien und Aserbeidschan, neben Georgien neu entstandene Republiken mit reichen Erdölvorkommen. Doch bevor es zu absehbaren Verlusten kommt, verständigt sich der türkische General Mustafa Kemâl Pascha mit den 1917 in Russland an die Macht gelangten Bolschewiki über die Verteilung der umstrittenen Länder: Die drei Kaukasus-Republiken fallen in die Einflusssphäre Russlands, während dem Osmanischen

Abbildung 27: General Mustafa Kemâl Pascha mit seinem Generalstab bei Gallipoli

Reich drei 1878 von den Zaren eroberte Provinzen im Osten Anatoliens zugeschlagen werden.

Im Juli 1918 stirbt Sultan Mehmed V. Sein Bruder Mehmed VI tritt die Nachfolge an. Im Oktober 1918 geht mit der bedingungslosen Kapitulation des Deutschen Reiches, des größten Verbündeten der Türken, auch für die Pforte der Weltkrieg zu Ende. Das Osmanische Reich hat hoch gereizt und verloren. An Land und Menschen – allein 800.000 türkische Soldaten sind gefallen oder an Seuchen gestorben.

Mit dem Vertrag von Sèvres vom August 1920 diktieren die Siegermächte einen verlustreichen und, wie die Türken finden, schmachvollen Frieden. Demnach würde das Osmanische Reich alles Land verlieren bis auf die nördlichen Teile Kleinasiens. Und selbst dort ist der Sultan nicht souverän, denn die Siegermächte übernehmen die Finanz- und Zollhoheit. Mehmed VI protestiert, unterschreibt aber trotzdem. Allerdings wird dieser Vertrag niemals ratifiziert werden.

Die dem Osmanischen Reich auferlegten harten Bedingungen haben ganz klar Rachehintergründe: der Völkermord an den Armeniern und die für die Alliierten äußerst verlustreiche Dardanellenschlacht von 1915. Hinzu kommt die lang gehegte Sehnsucht der Siegermächte nach Aufteilung des Reiches. Der britische Premierminister Lloyd George spricht für viele, als er sagt, der Krieg und die Niederlage der Türken habe die Gelegenheit gebracht, dieses „Problem ein für allemal zu erledigen". (Jäschke, G., 1971, S. 54)

Die Republik Türkei entsteht

Nach dem Ende des Krieges wächst im Osmanischen Reich der Widerstand gegen die Besatzungsmächte, weil diese das Territorium getreu dem Vertrag von Sèvres in nationale Interessensphären aufteilen. Die führende Rolle bei den Aufständen in Nordanatolien, dem verbliebenen Rumpf des einst so mächtigen Reiches, spielt Mustafa Kemâl Pascha. Schon bald bildet die nach ihm benannte kemalistische Bewegung in den nicht besetzten Gebieten eine inoffizielle Gegenregierung. Die Kemalisten gewinnen die Wahlen von 1919 und verlegen erst den Regierungssitz, später auch die Hauptstadt ins zentralanatolische Ankara. Von hier aus wird der „nationale Befreiungskrieg" gegen die griechischen Besatzer gesteuert und gewonnen, woraufhin Zehntausende von Griechen vor allem in der Region um Izmir des Landes verwiesen werden. Die Griechen revanchieren sich mit der Ausweisung von türkischstämmigen Bürgern aus ihrem Land. Obwohl die offizielle Regierung der Pforte nach wie vor in Konstantinopel sitzt, versammelt sich das osmanische Volk hinter dem faktischen Regierungschef Mustafa Kemâl Pascha und blickt mit Geringschätzung auf Mehmed VI herab. Das Ende des Sultanats ist nur noch eine Frage der Zeit.

Vom 22. bis zum 24. Juli 1923 wird im schweizerischen Lausanne in sogenannten Friedensgesprächen jener Teil des Wiener Kongresses nachgeholt, der 1814/15 aufgrund der fatalen Ausklammerung des Osmanischen Reiches unterblieben war. Um zu verhindern, dass die Türkei durch zwei Regierungen vertreten wird, schafft Mustafa Kemâl Pascha am 1. November 1922 das Sultanat ab.

Auf der Tagesordnung der Verhandlungen zwischen den Kemalisten auf der einen Seite und Großbritannien, Frankreich, Italien, Japan, Griechenland, Rumänien sowie den in einem Königreich vereinten Serben, Kroaten und Slowenen auf der anderen Seite steht nur ein einziger Punkt: die Abwicklung des Osmanischen Reiches.

Der Rest ist Geschichte. Nach dem am 24. Juli 1923 abgeschlossenen Vertrag behält die Türkei Ost- und Südostanatolien (Ostanatolien war eigentlich für Armenien vorgesehen gewesen), Ostthrakien, also den europäischen Teil der

Türkei, sowie Izmir. Westthrakien geht an Griechenland und die Mittelmeerinsel Zypern endgültig an die Briten.

Am 29. Oktober 1923 wird die Republik Türkei ausgerufen. Der neue Staatspräsident heißt Mustafa Kemâl Pascha. Zum Dank für seine Erfolge wird ihm das türkische Parlament den Beinamen Atatürk („Vater der Türken") verleihen. Der letzte Sultan Mehmed VI und alle Angehörigen der Dynastie Osman müssen das Land verlassen.

KAPITEL 5

Schmelztiegel der Völker und Religionen
Staat, Gesellschaft, Kultur und Bildung im Osmanischen Reich

Selim I (1470–1520) hatte seinem Sohn Süleyman ein gewaltiges Reich hinterlassen. Es erstreckte sich über drei Kontinente: von Armenien bis Belgrad und von der ukrainischen Steppe bis nach Ägypten und zur arabischen Halbinsel. Ein solch ausgedehntes Territorium mit sehr unterschiedlichen Stämmen, Völkern und Ethnien verlangt ständige Aufmerksamkeit und sorgsame Pflege. Für die osmanischen Sultane jedoch gab es nur zwei politische Doktrinen, die von einem stark eingeschränktem Gesichtsfeld zeugten: Nach außen hin Expansion und im Inneren extremer Konservatismus nach der Devise: Keine Experimente!

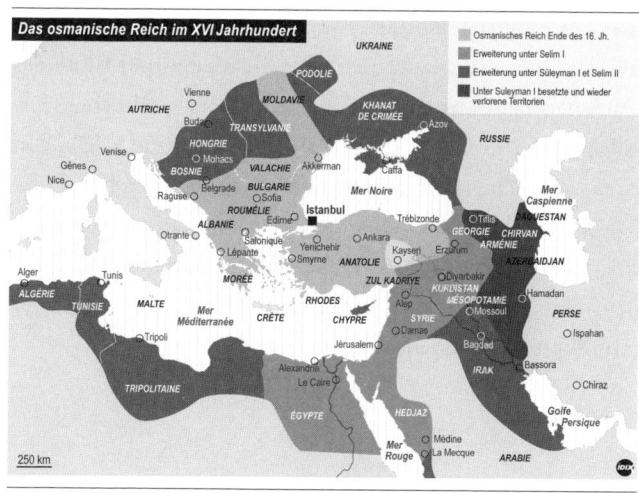

Abbildung 28: Das osmanische Reich im 16. Jahrhundert

Rechte und Pflichten des Sultans

Die Gestaltung der Politik lag in den Händen des Sultans. Und dennoch: Im Vergleich zu den feudalen und absolutistischen Obrigkeitsverhältnissen anderer Reiche in der frühen Neuzeit lässt sich das Sultanat durchaus als „Rechtsstaat" bezeichnen. „Es gab eine feste gesetzliche Ordnung, der sich jedermann, auch der Sultan, zu unterwerfen hatte. Die Grundlage dieser Ordnung bildete das Religionsgesetz." (Matuz, J., 2006, S. 85) Festgelegt war die Höhe der Steuern, die Preisobergrenzen vieler Versorgungsgüter und die Art und Weise, wie die Bevölkerung mit Nahrungsmitteln versorgt wurde. Bei Missachtung dieser Vorschriften konnten sich Muslime, Christen und Juden an staatliche Beschwerdestellen wenden, und sie wurden gehört. Der Historiker Josef Matuz liefert die Erklärung: „Die Staatsspitze war nämlich schon im eigenen Interesse bestrebt, den Untertanen, die die Produktion betrieben und damit letzten Endes die Hauptquelle für die Macht und Blüte des Osmanenstaates waren, erträgliche Arbeits- und Lebensverhältnisse zu gewährleisten." (Matuz, J., 2006, S. 85) Von einer staatlichen Verwaltungswirtschaft zu sprechen, wäre jedoch übertrieben. Es stand jedem männlichen Untertanen frei, ein Gewerbe oder ein Handwerk aufzunehmen – sofern dem kein Konflikt mit den lokalen Machthabern oder der religiösen Führung entgegenstanden.

Das Zusammenleben von Muslimen und Nichtmuslimen

Gegenüber den anderen abrahamitischen Religionen erwies sich das Osmanische Reich als vergleichsweise tolerant. So gab es in Bezug auf das Christentum, abgesehen von regionalen und vorübergehenden Ausnahmen, keine grundsätzliche Politik planmäßiger Zwangskonversion. Polytheistische Religionen hingegen, die noch zu Beginn der osmanischen Herrschaft vor allem in den östlichen Landesteilen verbreitet waren, wurden entschieden bekämpft.

Christen und auch die Anhänger des mosaischen Glaubens konnten sich im Osmanischen Reich weitgehend sicher fühlen. Schon Sultan Bayezid II hatte 1492 die aus Spanien vertriebenen Juden bereitwillig aufgenommen und in Thessaloniki, heute Griechenland, angesiedelt. Bis in das 20. Jahrhundert hinein war das Reich häufig Zufluchtsort für die verfolgten und ins Exil gedrängten Juden Europas.

Der feste Glaube der Osmanen an den – seit jeher auch politische Gestaltungsmacht einfordernden – Islam machte die Religion schon unter Gründer Osman zum staatstragenden Fundament des Reiches. Die Osmanen waren sunnitische Muslime. (Zum muslimischen Schisma, das auf unterschiedliche Ansichten zur Nachfolge des Propheten Mohammeds zurückgeht, s. Stähli, A., 2016, S. 43 ff.) Unter der Herrschaft der Sultane wurde die Religion zu einer politischen Institution. Der Islam beanspruchte nicht nur die Oberhoheit über das Leben im Alltag und an den Feiertagen. Vielmehr lieferte der Koran auch die Grundlage für

Gesetze und Verordnungen. Wiewohl der Glaube an Allah und seinen Propheten Mohammed nicht Bedingung für die Ansiedlung auf osmanischem Gebiet war, ist es nicht falsch, vom Islam als der Reichsreligion zu sprechen.

Das Leben im Sultanspalast

Über die sagenhafte Pracht und die Verschwendungssucht in den osmanischen Palästen kursierten im Europa des 18. und 19. Jahrhunderts unzählige Geschichten. Manche Beschreibung geht auf Diplomaten zurück, die von der Hohen Pforte vorgelassen worden und mit Staatsbeamten oder den Wesiren verhandelt hatten. Sie waren nahezu die einzigen Ausländer, denen der Zutritt in die offiziellen Besuchsräume gewährt wurde. Viele Erzählungen vom Leben im Sultanspalast gehen daher schlicht und einfach auf die Fantasie imaginationsbegabter Sittenbildbeschreiber zurück. Berichte aus dieser Zeit sollte man mit gesunder Skepsis lesen. Man muss sich stets vor Augen halten, dass das Osmanische Reich im 18. und 19. Jahrhundert, da sich der Kontinent kriegerisch und diplomatisch von Grund auf neu sortierte und die Völker sich dabei zwangsläufig immer besser kennenlernten, fast ebenso isoliert war wie heute etwa die Volksrepublik Nordkorea. Und Unwissenheit schürt bekanntlich Neugier und Spekulation.

Der Harem

Besonders hartnäckige Ondits kursierten um eine Einrichtung im Sultanspalast, die in Europa völlig unbekannt war: der Harem. Tatsächlich gab es nicht nur im Sultanspalast eigens den Frauen vorbehaltene Gemächer. Ein Harem war in jedem begüterten muslimischen Haushalt zu finden, und selbst die einfachen Menschen hielten ihre Frauen sorgsam unter Verschluss.

Abbildung 29: Palast der Hatice, Schwester von Sultan Selim III

Im Harem lebten die Ehefrauen der Sultane, weibliche Angehörige, Dienstmägde und zu ihrer Bedienung Odalisken und emaskulierte schwarze Eunuchen. Importierte Eunuchen – die Kastration im Land selbst war damals verboten – gab es bereits an den Kaiserhöfen im späten Rom. Im von Intrigen durchsetzten Byzanz waren sie sogar unentbehrlich, denn die häufig wechselnden Herrscher versprachen sich von den ohne Familie aufgewachsenen und bleibenden Sklaven größere Loyalität als von anderen Bediensteten.

Abbildung 30: Roxelana, die Hürrem Sultan, Gattin Süleymans des Prächtigen

Berichtet wird auch von hellhäutigen Eunuchen, jedoch wurde diesen weniger Vertrauen als den dunkelhäutigen Sklaven entgegengebracht. Deshalb taten sie nur außerhalb des Harems Dienst. Mit Ausnahme des Sultans und der schwarzen Lakaien war Männern der Zugang zu den Frauengemächern verwehrt.

Im Westen ranken sich seit jeher Mythen um den Harem. Meist wird er als eine Art luxuriöses Gefängnis für Ehefrauen und Konkubinen beschrieben, deren Daseinszweck in der Befriedigung der Libido des Sultans und in der Geburt seiner Erben bestand. Die moderne Forschung setzt diesem schaurig-frivolen Bild ein anderes entgegen. (Vgl. Sancar, A., 2014) Danach war der Harem eher ein Schutzraum, in dem die Frauen gefeit waren vor den Gefahren und Anfechtungen der äußeren Welt. Abgesehen von den zwangsweise dorthin gebrachten Sklavinnen galt Frauen das Leben im Harem denn auch nicht als Schmach oder Bestrafung, sondern als sicherer Hort und als Auszeichnung vor ihren Geschlechtsgenossinnen.

Der Harem war das Refugium des Hausherrn, ein Rückzugsort, in dem er Privatmann sein konnte. Gleichzeitig war es auch ein politischer Platz, wo Sultan und Sultansmutter (valide sultan) so manchen strategischen Schachzug entwickelten. „The harem was the site of both struggles for power and great celebrations, and there is little doubt that life there was even more dynamic and colorful than we imagine. In fact, it is entirely possible that the harem promised some of its residents a better and happier life than the one they would habe experienced outside its walls." (Atasoy, N., 2011, S. 200)

Der wohl berühmteste Harem befindet sich im Topkapi-Palast in Istanbul. Bis zur Ermordung Selim III im Jahr 1807 bestand er aus einer ansehnlichen Zahl zusammen-hängender Gebäude und Parkanlagen, umrundet von einer hohen Mauer, um Zutritt und neugierige Blicke unmöglich zu machen. Mehrere bewachte Tore umgaben das Gelände. Sie öffneten sich ausschließlich für den Sultan. Den Frauen war das Verlassen des Harems bei Todesstrafe verboten.

In den Frauengemächern erblickten die Kinder des Sultans das Licht der Welt, und hier verbrachten sie auch ihre ersten Jahre. Weithin über den Bosporus zu vernehmende Kanonenschüsse kündigten die Geburt eines Prinzen oder einer Prinzessin an. Tags darauf wurden reitende Boten in jeden entlegenen Winkel des Reiches entsandt, um die Botschaft vom Neuankömmling unter das Volk zu bringen. Im Alter von fünf oder sechs Jahren setzte die Erziehung der Prinzen ein: Fremdsprachen, Kalligrafie, Geschichte, Naturwissenschaften, Militärwissenschaften und natürlich

Religionskunde. Ihre Mutter bekamen sie ab dann nur noch an hohen Feiertagen zu Gesicht. Mit 13 oder 14 Jahren mannbar geworden, zogen sie in eine eigene Wohnung im Palast und bekamen Konkubinen zugewiesen. (Atasoy, N., 2011, S. 39) Die Prinzessinnen wurden von der Mutter und weiblichen Verwandten in allen weiblichen Tugenden und Fähigkeiten unterwiesen. Bis zu ihrer Verheiratung blieben sie im väterlichen Harem. Danach zogen sie in den Harem ihres Ehemannes um. Wenn sie nicht heirateten, blieben sie ihr Leben lang im Palast des Sultans.

Der großherrliche Diwan

Der Sultan, von den Europäern „Großherr" geheißen, regierte zwar als absoluter Herrscher. Doch selbst er musste die Prinzipien der Rechtsordnung beachten. Ließen sich seine Entschlüsse legitimieren, konnte er nach Belieben Krieg und Frieden ausrufen, Verwaltungsbezirke verändern, Ländereien und Pfründe zuteilen oder entziehen und staatliche Positionen mit Männern seines Vertrauens oder seiner Hoffnung besetzen. Die Staatsverwaltung lag in den Händen einer wohlorganisierten und angesehenen Administration mit Tausenden von Beamten. Sie war streng vom Haushalt des Sultans getrennt.

Wichtige politische Entscheidungen musste der Sultan dem, allerdings nur beratend tätigen, „großherrlichen Diwan" vorlegen. Dessen Vorsteher war der Großwesir. Zu den Aufgaben des Diwans gehörten die zivile Rechtsprechung in höchster Instanz sowie der Empfang ausländischer Gesandte, nicht aber die Verwaltung der Staatsfinanzen. Hierfür war ein „Finanzminister" (defterdar) zuständig. „Der Sultan nahm an den Beratungen des Diwans seit der Zeit Mehmets des Eroberers nur noch selten teil", beschreibt der Historiker Josef Matuz. „Der Kontrolle halber verfolgte er die Sitzungen bisweilen unbemerkt hinter einem Gitter im Diwansaal oder im Feldlager hinter einem Vorhang." (Matuz, J., 2006, S. 90)

Die frommen Stiftungen (waqf)

Mildtätigkeit ist im Islam eine Kardinaltugend und für jeden Gläubigen Pflicht. Bereits seit dem siebten Jahrhundert in Arabien, ab dem zehnten Jahrhundert auf osmanischem Gebiet spielten Stiftungen mit religiöser Zielsetzung (waqf, pl. vakifs) eine große Rolle im öffentlichen Leben. Hinter den meisten osmanischen Monumentalbauten, Moscheen, Schulen, Badehäusern, Hospizen, Krankenhäusern und öffentlichen Brunnen stand eine fromme Stiftung. Sie waren physische Zeugnisse (imaret) des gottgefälligen Handelns des Stifters. „Vakifs were the usual means by which social and welfare services were established and maintained throughout the Muslim world." (Singer, A., 2011, S. 72)

Wie noch heute bei uns gab es sowohl gemeinnützige Stiftungen als auch Familienstiftungen, die jedoch mindestens einen gemeinnützigen Endzweck nach Aussterben der Begünstigten haben mussten. Nicht selten hatten die Stifter mehrere Motive für ihre gute Tat. Sie selbst bestimmten nämlich den Verwalter: „Da es sich (…) oft um ein Familienmitglied handelte, dienten manche Stiftungen auch dazu, einen bestimmten Besitz ungeschmälert durch Erbteilungen in den Händen ein und derselben Familie zu erhalten." (Faroqhi, S., 1955, S. 150)

Der Stifter errichtete den Waqf dadurch, dass er einen vom Islam anerkannten Zweck bestimmte, erklärte, die Stiftung für alle Zeiten gründen zu wollen, sie gegen eine Urkunde bei einem Richter registrieren ließ und das Stiftungsgut einem Verwalter übergab, der er auch selbst sein konnte. Beaufsichtigt wurden die vakifs von den Richtern. Gängige Stiftungszwecke waren die Finanzierung von Moscheen, Madrasas, Sufi-Konventen, Krankenhäusern oder Einrichtungen zur Armenspeisung, aber auch Mühlen, Wasserräder, Bewässerungskanäle und öffentliche Brunnen sowie der Unterhalt der Armen an den heiligen Stätten von Mekka und Medina.

Unter dem von waqf abgeleiteten Namen „Vakuf" gab es auch auf dem Balkan viele solcher Stiftungen. Sie haben zum Teil sehr lange Bestand gehabt. In Jugoslawien und Albanien wurden die Vakufs erst nach dem Zweiten Weltkrieg enteignet und zerschlagen. Viele islamische Staaten haben im 20. Jahrhundert das Institut der Familienstiftung abgeschafft oder staatlicher Kontrolle unterstellt. So wurde in Ägypten 1952 ein eigenes Ministerium für religiöse Stiftungen geschaffen. Auch in Jerusalem gibt es eine Stiftungsbehörde. Sie verwaltet die islamischen Bauten auf dem Tempelberg in Jerusalem und die Gräber der Patriarchen in Hebron.

Das Millet-System

Nicht die ethnische Herkunft gab den Ausschlag darüber, welchen Vorschriften die Untertanen des Sultans zu folgen hatten, sondern ihre religiöse Verbundenheit mit einer Glaubensgruppe. Administrativ wurde das multikonfessionelle Gemeinwesen, zu dem sich das Reich über die Jahrhunderte entwickelt hatte, in das sogenannte Millet-System gefasst. Es regelte auf der Basis der islamischen Rechtsordnung den Status nichtmuslimischer Religionsgemeinschaften.

Anerkannte Minderheiten waren entsprechend ihrer Religionszugehörigkeit in Gemeinden organisiert (Mahal). Jede dieser Mahallas verfügte über eine eigene Moschee, Kirche oder Synagoge und unterhielt eigene Schulen, Trinkwasserbrunnen und öffentliche Einrichtungen, die von wohlhabenden Gönnern oder Stiftungen finanziert wurden. Im Jahr 1692 gab es in Istanbul 284 muslimische sowie 47 christliche, jüdische oder weitere nichtmuslimische Mahallas. Zusätzlich gab es noch einmal 256 solcher Quartiere außerhalb der alten Stadtmauern. (Nicolle, D., 2008, S. 129)

Die nichtmuslimischen Untertanen hatte Pflichten gegenüber den Muslimen, aber auch gewisse Rechte, ihre Angelegenheiten selbst zu regeln. Jede Mahalla musste auf ihrem

Gebiet selbst für Recht und Ordnung und die korrekte Abführung der Steuern sorgen. Sie war auch für die Unterstützung ihrer bedürftigen Mitglieder verantwortlich. Juden und Christen, wie die Muslime Besitzer einer Heiligen Schrift, genossen einen Sonderstatus. Sie wurden Dhimmis genannt und standen unter dem Schutz des Sultans. So schreibt es der Koran vor. Für die ihnen gewährte Garantie für Leib und Leben mussten die Dhimmis eine besondere Steuer entrichten. Bei religionsinternen Konflikten unterwarfen sie sich den Urteilen ihrer geistlichen Führer. Fragen und Streitigkeiten, die sowohl muslimische als auch christliche Untertanen betrafen, regelte das islamische Recht, die Scharia. Ebenso hatten es die maurischen Emire und Kalife vom 8. bis zum 14. Jahrhundert im von ihnen besetzten Andalusien gehalten. (vgl. Stähli, A., 2016a, S. 95 f.)

Dem theokratischen System des Islams folgend, wickelte der Sultan jeglichen Kontakt mit seinen fremdgläubigen Untertanen über deren religiöse Führung ab. Den Patriarchen und Rabbinern oblagen der Einzug der Steuern und die Ablieferung des Geldes an die Finanzkasse der Hohen Pforte. Die christlichen, in der Regel griechisch-orthodoxen, und die jüdischen Kirchenorganisationen genossen beträchtliche Autonomie auf wirtschaftlichem und administrativem Gebiet.

Das osmanische Kalifat

Der Sultan war nicht nur weltlicher Herrscher von Geburt, sondern auch die höchste Autorität in der Umma, der islamischen Glaubensgemeinschaft in seinem Reich. Seit der Eroberung der Heiligen Stätten Mekka und Medina im 16. Jahrhundert durch Selim I wurde der Sultan zugleich als Kalif gewürdigt, also als rechtmäßiger Nachfolger des Propheten Mohammed. Außerhalb ihres Staatsgebiets machten die Sultane von diesem Titel freilich wenig Gebrauch. „Erst im 18. Jahrhundert sollten sich osmanische Historiker an ein solche ‚Übernahme‘ erinnern, als es darum ging, den Anspruch der Russischen Kirche über die Christen im Osmanischen Reich mit dem Anspruch der Osmanen auf die Muslime im Russischen Reich zu begegnen." (Pohanka, R., 2016, S. 90)

Im Jahre 1876 wurde der Anspruch auf das allislamische Kalifat in der neu eingeführten, 1878 faktisch suspendierten und 1908 wieder in volle Gültigkeit gesetzten Verfassung des Osmanischen Reiches offiziell festgeschrieben. Es war kaum mehr als ein Versuch, durch die einigende Kraft der Religion der drohenden Erosion des Vielvölkerstaates entgegenzutreten. Die Ende des 19., Anfang des 20. Jahrhunderts regierenden Sultane Abdülhamid II und Mehmed V versuchten diesen Anspruch zwar im politischen Alltag geltend zu machen; allerdings war ihnen kein großer Erfolg beschieden. Erst 1924, zwei Jahre nach dem Zusammenbruch des Osmanischen Reiches, beendete die Große Türkische Nationalversammlung offiziell das osmanische Kalifat.

Die Ulema

Weil das Osmanische Reich wie alle islamischen Staaten den Religionsgesetzen unterlag, gab es auch hier einen Stand von Gottes- und Rechtsgelehrten, der gleichwertig neben dem staatlichen Beamtenapparat stand. Als die „Wissenden" (arab. ulamā, ulema) sollten die Religionskundigen den Kalifen bei der Umsetzung der Anweisungen der heiligen Schriften Koran und Hadithe, das sind überlieferte Prophetenworte, in die islamische Rechtsordnung zur Seite stehen. Im Alltag wichen die Herrscher allerdings häufig von der Scharia ab. Dann erkauften sie sich die Zustimmung der Ulema, indem sie ihren Mitgliedern Ländereien und einträgliche Positionen in der staatlichen Verwaltung zuschanzten.

Neben den hohen Staatsbeamten waren die Religionskundigen der Ulema das Rückgrat des Osmanischen Reiches. Denn aus dieser gingen bis zur letztentscheidenden Ebene des Diwans alle Richter hervor sowie die nicht minder einflussreichen Professoren an den Madrasas. Diese Geisteselite erreichte allerdings längst nicht jeden Untertanen. Bei der Verbreitung des Islams in der Landbevölkerung waren „die Derwische (siehe S. 128, d. Verf.) weitaus erfolgreicher als die hauptsächlich in den Städten aktiven Rechts- und Gottesgelehrten (ulema)". (Faroqhi, S., 1995, S. 37)

Bis zum 17. Jahrhundert hatte die Ulema lerneifrige und talentierte junge Männer ungeachtet ihrer Herkunft aufgenommen und ausgebildet. Danach spielten die Abstam-

mung und die Förderung durch einen Mäzen eine größere
Rolle als das Talent. Die Folge: Etwa von der Mitte des
18. Jahrhunderts an war die Ulema im Osmanischen Reich
in der Hand sehr begüterter und einflussreicher Familien.
„Bereits der Historiker Mustafa Ali schrieb seine Beobach-
tungen nieder, dass die Gelehrten sich nun der Aufstiegs-
und Karrieregier widmen und von ihrem primären Ziel der
Wissensakkumulation, Lernbegierde und von den hohen
moralischen Werten der Wissenschaft distanzierten." (Kürsat, E., 2003, S. 181) Nach den Tanzimat-Reformen in der
Mitte des 19. Jahrhunderts entzweite sich die Führung dieser „abgehobenen Aristokratie" (Faroqhi, S., ebd.) mit den
näher am Volk stehenden Rechts- und Gottesgelehrten. So
verpasste sie ihre Chance, den Militärs und Bürokraten als
alternative Führungsschicht Paroli bieten zu können.

Die Richter

Die Richter, die für die gesamte Rechtsprechung im Reich
zuständig waren, verteilten sich auf eine mehrstufige Hier-
archie. „Es gab neun Rangstufen für Rumelien, zehn Rangstufen für Anatolien und sechs Randstufen für Ägypten.
Ihre Zahl schwankte zwischen 300 und 500 Richter, die in
der Regel ein Jahr das Richteramt praktizierten und dann
wieder als Anwärter (...) auf ihre nächste oder nächst höhe-
rer Berufung warteten. Oft hielten sich die Anwärter, aber
auch die Richter selbst in den großen Städten des Reiches
auf und entsandten ihre Stellvertreter in den Gerichtsbe-
zirk, dem sie eigentlich zugeteilt waren." (Becker, U., 2017)

Den Stellvertretern kam also die operative Macht vor Ort zu, während die Kadis die strategischen Hebel bedienten und im Interesse der Ulema vom Rande des Spielfelds aus in den Staat hineinregierten.

Neben den lokal eingesetzten Richtern und ihren Stellvertretern gab es noch eine Reihe von Kadis mit Spezialaufgaben, zum Beispiel für die ständige Karawane zwischen Mekka und Damaskus und für die osmanische Flotte.

Die Derwische

Ein wichtiges gesellschaftliches Bindeglied zwischen dem staatlich-orthodoxen Islam und den Lebenswelten der Bevölkerung waren die Angehörigen des Derwischordens. (vgl. Becker, U., 2017) Derwische praktizieren bis heute den Sufismus, eine mystische Spielart des Islams, und gelten als Quelle der Klugheit, der Poesie, der Erleuchtung und der Weisheit. Die häufig, aber nicht immer in Klöstern lebenden und im Islam Erleuchtung suchenden Ordensmitglieder waren arm und auf Zuwendungen der Bevölkerung angewiesen. Das Wort „Bettelmönch" mag für ihren Alltag zutreffen. Es spiegelt allerdings nicht die magisch-geheimnisvolle Komponente ihres Daseins wider.

Es wäre indes verfehlt, die Derwische allein unter Spiritualität oder Folklore zu subsumieren. Tatsächlich waren sie das Sprachrohr des Volkes und übernahmen häufig eine anfeuernde Rolle bei Protesten und Aufständen. „It is

Abbildung 31: Tanzende Derwische

hardly surprising that popular uprisings in Anatolia, whose
fundamental causes were social and political, nearly always
took the form of heretical religious movements. In central
Anatolia in 1241, two years before the Mogol invasion, a
dervish called Baba Ishâk led the first great Turcoman revolt
of which there are historical records." (Inalcik, H., 1973,
S. 187)

Äußerlich drückte sich die spirituelle Kraft der Derwische in den berühmten ekstatischen Tänzen aus. Aufgrund
immer schnellerer Drehung um die eigene Achse und

gleichzeitiger tiefer Versenkung in den Glauben fallen die Tänzer in Trance oder geben es zumindest vor. Dies inspirierte stark die zeitgenössische osmanische Kalligrafie. In der Türkei von heute sind die tanzenden Derwische zu einer touristischen Attraktion geworden. Mustafa Kemâl Pascha, der Gründer der Türkischen Republik, ließ die Rituale der Derwische verbieten – möglicherweise auch eingedenk deren politischer Feuerkraft. Erst seit 1954 sind sie in eingeschränktem Maße wieder erlaubt.

Osmanische Kultur zum Anschauen und Anfassen

Von einer Kultur lässt sich in der langen Geschichte des Osmanischen Reiches ebenso wenig sprechen wie von einer Gesellschaft. Denn die Sultane waren die Herren über ein ausgedehntes Territorium mit zahlreichen Völkern und Ethnien. Insbesondere in Ost-Anatolien hatten die Mongolen und die Safawiden mehr als einen Fußabdruck hinterlassen. Von ihnen geduldet und später von den Osmanen kulturell sozialisiert, hatten zwischen dem 13. und 17. Jahrhundert Hunderttausende von Flüchtlingen, Händlern und Abenteurern aus dem Irak, aus Persien, aus der Kaukasusregion und aus Zentral- und Westasien in dem vergleichsweise reichen Land an der Grenze nach Europa eine neue Heimat gefunden. Sie brachten ihre Traditionen, ihre eigenen Lebensumstände, ihre eigenen Sichtweisen auf die Welt ins Reich. Vermischt mit den Einflüssen der Turkvölker bildete sich die typisch osmanische Kunst heraus – jene exotische, morgenländisch anmutende Melange, die Europäer faszinierte und deren Fremdhaftigkeit sie im Inneren erschauern ließ.

Baukunst

In den Kerngebieten des Reiches, in Rumelien und Kleinasien, bildete sich im 14. und 15. Jahrhundert eine islamische Architektur heraus, erkennbar an typischen Bauten wie Moscheen, Madrasas, Karawansereien und dem öffentlichen Bad (hamam). Die Baukunst tat es der Gesellschaft gleich und integrierte Elemente aus der rum-seldschukischen, der armenischen, der persischen und der byzantinischen Architektur. Aus der Synthese der Baustile des Nahen Ostens, des Mittelmeerraums und des byzantinischen Reiches entstanden einmalige architektonische Werke: Die Wohnhäuser, Moscheen, Karawansereien und Medresen von Safranbolu und Bursa, die Selimiye-Moschee in Edirne und die monumentalen Bauten Istanbuls in der heutigen Republik Türkei zählen zum Welterbe der UNESCO.

Herausragend ist die Topkapi-Palastanlage, die Mehmet II nach der Eroberung von Konstantinopel im Jahr 1453 errichten ließ. Sie ist zweifelsohne eine der bemerkenswertesten Gebäudeansammlungen der Welt.

Der Hauptpalast der osmanischen Sultane wurde im 15. Jahrhundert erbaut und von fast jedem Herrscher erweitert. Die einzelnen Bauwerke samt ihren Innenhöfen sind von Parks und Gärten eingerahmt und von einer Mauer

Abbildung 32: Modell der Gesamtanlage des Topkapi-Palastes im 17. und 18. Jahrhundert

umgeben. Dennoch könne man den Palastkomplex nicht als gefestigt bezeichnen, meint der britische Historiker David Nicolle: „Der Topkapi macht den Eindruck, als sei er eher unter dem Aspekt der Vergnügungen und der Ausgeglichenheit entworfen worden, als um Fremde oder Istanbuler selbst zu beeindrucken." (Nicolle, D., 2008, S. 133)

Die prachtvollsten Bauten entstanden im Goldenen Zeitalter vom späten 15. bis weit in das 16. Jahrhundert hinein unter der Herrschaft Süleyman des Prächtigen. „Allerdings verließ das kulturelle Schaffen der Osmanen und ihrer unterworfenen Völker (…) niemals die traditionellen Formen muslimischer oder christlicher Kunst. Diese Phase der Kreativität dauerte auch während des 17. Jahrhunderts noch an, blieb aber auch dann höchst traditionell und nahm nur wenige Einflüsse der westlichen Kunst auf." (Nicolle, D., 2008, S. 130)

Mimar Sinan, der große Architekt

Unter Sultan Süleyman dem Prächtigen hub die Architektur an, die Größe und Universalität des gewaltigen Osmanischen Reiches nachzubilden. Ein riesiger Raum mit hochgewölbter Kuppel, außen ein, zwei, drei oder vier schlanke, spitze Minarette: So sehen noch heute die meisten Moscheen in der Türkei und anderswo auf der Welt aus. Für diesen

Abbildung 33: Moschee Süleymans des Prächtigen

Stil stand ein großer Baukünstler Pate: der Architekt Mimar Sinan.

Wie so viele nachmalige Berühmtheiten wurde auch Sinan im Zuge der Knabenlese aufgegriffen. Er soll um 1490 irgendwo in einem anatolischen Dorf geboren und als Christ aufgewachsen sein. Als Junge kam er zu einer Bautruppe der Janitscharen und konstruierte fortan Brücken und Nachschublager und beaufsichtigte den Baufortschritt. Feldzüge der Armee führten Sinan nach Bagdad und Damaskus, nach Belgrad und vor die Tore Wiens. Im Feldlager begann er, seine Vorstellungen von der idealen Moschee zu skizzieren, erste Bauten fanden die Zustimmung des Sultans, die folgenden seine Begeisterung.

Abbildung 34: Büste des Architekten Mimar Sinan

1539 ernannte Süleyman Mimar Sinan zu seinem Hofbaumeister und gab ihm den Auftrag zum Bau der Süleymaniye-Moschee auf einer künstlichen Terrasse hoch über dem Goldenen Horn. Mit ihrer zentralen Kuppel, die auf einer Seite von zwei Halbkuppeln getragen wird und auf der anderen von zwei senkrechten Wänden mit Fenstern, ähnelt diese Prachtmoschee der Hagia Sophia, der 1000 Jahre älteren byzantinischen Hauptkirche, die von Sinan restauriert worden war. Dennoch ist der Eindruck von innen wie außen ein

Abbildung 35: Hauptkuppel der Süleyman-Moschee mit Malereien von Gaspare und Giuseppe Fossati

ganz anderer, denn die Moschee ist durch Bögen und Pfeiler deutlicher gegliedert. 1557 wurde in der Süleymaniye-Moschee das erste Freitagsgebet gehalten. Zusammen mit der Hagia Sophia und der Blauen Moschee, dem Werk eines Schülers von Sinan, dominiert die Süleymaniye-Moschee heute das Panorama der Altstadt von Istanbul.

„Sinans Bauten waren dabei niemals Kopien ihrer Vorgänger, sondern beinhalteten stets neue Ideen und architektonische Elemente", lobt Reinhard Pohanka, Archäologe am Historischen Museum der Stadt Wien. (2016, S. 106) Der größte Architekt im Osmanischen Reich starb 1588 in Istanbul und hinterließ mehr als 400 Bauten, die alle seine Handschrift tragen. Auch als Bauingenieur, wozu er von den Janitscharen ausgebildet worden war, tat er sich hervor.

Zu seinen Lebzeiten war Istanbul knapp an Frischwasser. Über Aquädukte ließ Sinan das Wasser von den benachbarten Bergen in die Stadt fließen und auf Brunnen verteilen. Das sicherte ihm die Gnade des Sultans und bis heute ein ehrendes Andenken der Stadtbevölkerung.

Bildende Kunst und Kunsthandwerk

Die osmanische Kunst ist stets auf den Islam bezogen. Das Ziel der Architektur und der Bildenden Kunst ist die Schaffung von Nähe zu Allah und die Verdeutlichung von Allahs Absichten. Dies erfolgt oft direkt, zuweilen derb, häufig naiv anmutend – längst nicht so ziseliert und elegant wie die Kunst der benachbarten Perser. Die Kompositionen waren einfach und variationsarm, die Farben kräftig mit kaum ausgeprägtem Schattenspiel. Unverkennbar in den Motiven und anhand der vergoldeten Hintergründe ist der Einfluss der späten byzantinischen und christlichen Kunst. Als Sujets besonders beliebt waren Alltagsszenen und Porträts von hohen Würdenträgern.

Im Kunsthandwerk hingegen erreichten die Osmanen echte Größe. Bis weit nach Europa und Asien reichte der Ruf der begabten osmanischen Teppichknüpfer. Auch sie scheuten sich vor westlichen Einflüssen und hielten bei der Motivgestaltung und Webart an ihren Traditionen fest. Das war allerdings kein Kunststück, denn in dieser Disziplin hatten die Europäer nicht viel zu bieten. Teppiche aus dem Osmanischen Reich waren daher begehrte Luxusgüter in Europa und gern gesehene Gastgeschenke, wenn osmanische Diplomaten Königen und Kaisern auf dem Kontinent ihre Aufwartung machten.

Auch die osmanische Keramik spiegelte die vielfältigen Herkunftsmuster der Bevölkerung wieder. Glasierte und farbige Kacheln, die noch heute in vielen Bauwerken bewundert werden können, waren wahre Exportschlager. Die frühen Muster zeigten mongolische und sogar chinesische Einflüsse, während sich die späteren Keramiken an der berühmten Töpferschule von Iznik, dem ehemaligen Nicäa, ausrichteten. „Hier findet sich eine Vermengung osmanischer, persischer und chinesischer Dekorationen, die zu einem neuen Kanon an Motiven zusammengeführt wurden." (Pohanka, R., 2016, S. 108) Im 15. Jahrhundert war Iznik das Zentrum des osmanischen Keramikgewerbes. Der frühe Sultanssitz Edirne folgte ein Jahrhundert später, erreichte aber nie den Ruf der Arbeiten aus Iznik.

Handel und Wirtschaft

Quer durch das Osmanische Reich verliefen viele Handelsrouten von Europa nach Fernost. Seide und Gewürze waren die wichtigsten Fernhandelsgüter, weshalb die Hauptader des Handels „die Seidenstraße" genannt wurde. Während die ägyptische Hauptstadt Kairo vom Transitgeschäft mit Indien und den Ländern des Indischen Ozeans profitierte, konzentrierten sich die Kaufleute Aleppos und Bursas auf den Import von Rohseide aus dem Iran, die in Anatolien zu wertvollen Geweben verarbeitet wurde. Seide aus Persien und China war nicht nur bei begüterten Osmanen, sondern auch bei Europäern sehr begehrt.

Die ausländischen Händler durchquerten das Reich mit Karawanen oder fuhren mit ihren Schiffen an den Küsten entlang. Sie waren gern gesehene Gäste, denn neben Waren brachten sie Neuigkeiten aus aller Herren Länder mit. Der Handel erwirtschaftete beachtliche Steuern für die Staatskasse. In Friedenszeiten konnten die Kaufleute sicher reisen, denn Banditen und Wegelagerer waren selten. Entlang der Handelsrouten lag etwa alle 30, 40 Kilometer eine Karawanserei, die den Reisenden und ihren Tieren eine Unterkunft bereitstellte und örtlichen Händlern als Einkaufsstätte diente. In Istanbul befanden sich die Karawansereien praktischerweise direkt neben dem Basar.

Mit Genua und Venedig, denen das Niederlassungsrecht an der Mittelmeerküste von der Pforte vertraglich zugesichert worden war, hatten die Osmanen ihre ersten und wichtigsten europäischen Handelspartner gewonnen. Im 16. Jahrhundert kamen die eroberten Provinzen Syrien, große Teile des Irak und Ägypten hinzu. Von hier aus „kontrollieren (die Osmanen) den Handel mit Edelmetallen, Edelsteinen, Gewürzen, Weizen und Baumwolle, wobei ihre Art des Handels dazu gedacht war, gemeinsam mit allen Bevölkerungsgruppen soziale Stabilität im Reich zu schaffen. Damit standen sie in scharfem Kontrast zum europäischen Handel und dem aufkommenden Merkantilismus, der auf Wettbewerb und Verdrängung anderer Händler ausgerichtet war, um für das eigene Volk Reichtum und Wohlstand zu gewinnen." (Pohanka, R., 2016, S. 92 f.)

Die meisten Güter wurden auf dem Seeweg ein- und ausgeführt. Auch die von den Provinzen erhobenen Steuern gelangten über See in die Hauptstadt. Die Handelsflotte des Sultans bestand aus einer Vielzahl von Galeeren, von denen jede mehrere hundert Tonnen Gewicht aufnehmen konnte. Aus Frankreich und Italien kamen Spiegel und Glaswaren, aus England Wollstoffe, aus Deutschland und der Schweiz Uhren, aus Russland Pelze.

Der weitaus größte Teil der Bevölkerung des Osmanischen Reiches wohnte in ländlichen Gebieten. Die Landwirtschaft war die ökonomische Grundlage des osmanischen Staates. Zwar dominierte die Subsistenzwirtschaft, doch auch für die Großstädte mussten Nahrungsmittel erzeugt werden. Vor allem Istanbul hatte einen immensen Bedarf an Gütern aller Art. Aus Anatolien kamen Getreide, tierische Produkte, Olivenöl, Textilien, Pelze, Früchte, Nüsse und Opium. Aus Syrien und Ägypten wurden vor allem Zucker, Gewürze, Henna und Reis eingeführt. Zudem wurden Rohstoffe wie Eisenerz oder Holz abgebaut und verarbeitet. Der ständige Bedarf an Bauholz in Istanbul wurde über das Schwarze Meer abgewickelt.

Griechen, Juden und Armenier waren vom Handel nicht ausgeschlossen. Ganz im Gegenteil: Im 16. Jahrhundert begannen die von den nichtmuslimischen Bevölkerungsgruppen gebildeten Handelsvereinigungen die Muslime zu verdrängen. Das Millet-System leistete dem Vorschub: Dem Reich war es wichtiger, viele Steuerzahler zu haben als viele Muslime. „Da diese Gruppen durch ihre Familien zumeist über gute internationale Verbindungen im Nahen Osten, auf dem Balkan und im Mittelmeerraum verfügten, gelangte mit der Zeit der gesamte internationale Handel des Osmanischen Reichs in ihre Hände." (Pohanka, R., 2016, S. 94)

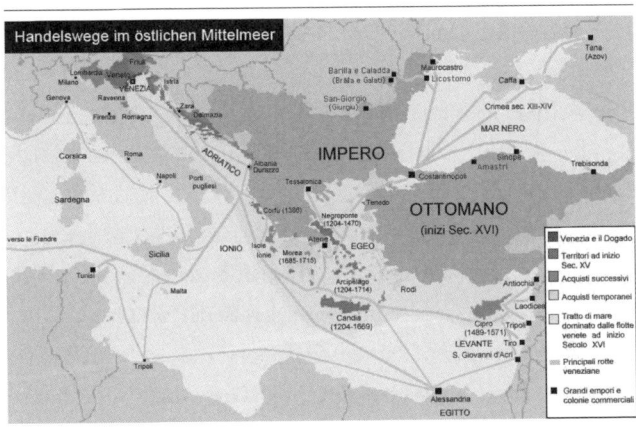

Abbildung 36: Handelswege im östlichen Mittelmeer

Dank dieser familiären Netzwerke konnten die Osmanen noch einige Jahrzehnte lang die aufkommende Handelskonkurrenz durch Spanier und Portugiesen im Zaum halten. Mit dem Aufkommen großräumiger Schiffstypen im 17. Jahrhundert jedoch erlitt die kommerzielle Flotte des Sultans empfindliche Einbußen im mediterranen und asiatischen Handelsgeschäft.

Dem Leser wird klargeworden sein, dass die osmanische Wirtschaft auf einer ausgeklügelten und bis ins Kleinste durchdachten Ordnung beruhte. „By the sixteenth-century high imperial era, order, security, discipline and regulatory consistency had become the general hallmarks of Ottoman administration (...)." (Murphy, R., 2011, S. 28) Anders, so muss man den Gedankengang der Sultane wohl nachzeichnen, sei die Ordnung im Vielvölkerstaat mit überwiegend Illiteraten Untertanen wohl nicht aufrecht zu halten. Überdies war Unordnung für sie die Wiege der Anarchie. Das hätte die Fundamente ihrer Herrschaft ins Wanken gebracht.

Der Basar

Ebenso geregelt wie die Wirtschaft im Großen war der Handel im Kleinen. Die Basare, gewaltige überdachte Markthallen, Werkstätten und Läden, waren die Zentren des urbanen Wirtschaftslebens. Hier konnte man alles finden. Handwerker einer jeden Branche fertigten dort ihre Waren und boten sie zum Verkauf an. Der große Basar in Istanbul, der heute als „kapalı çarşı" (gedeckter Basar) bekannt ist, wurde nach einem verheerenden Brand im Jahr 1701 an der Stelle des alten wieder neu aufgebaut. Auf dem neuen Basar mit seinen 18 Toren erstreckten sich rund 3000 Läden und Werkstätten auf mehr als 60 nach den Zünften benannten und von diesen besiedelten Straßen.

Abbildung 37: Basar in Istanbul im 18. Jahrhundert

Das bunte Treiben auf dem Basar unterlag einer strengen Ordnung. Marktaufseher achteten auf die Einhaltung der Marktordnung und der Vorschriften der Handwerkerzünfte, überprüften die Gewichte, Maße und Instrumente zum Abmessen und Wiegen und kontrollierten, ob die von der Regierung festgesetzten Preise, die lediglich eine kleine Gewinnspanne erlaubten, nicht überschritten wurden. Zudem begutachteten sie die Qualität der Waren. Ein Verstoß gegen die geltenden Verordnungen zog schwere Strafen nach sich.

Die osmanische Armee

„Das Osmanische Großreich entstand durch Eroberungen mit dem Schwert", läutet der Völkerrechtler und Osmanenkenner Ferenc Majoros seine „Geschichte einer Großmacht" ein. Nüchtern fährt er fort: „Seine Kriegsmaschinerie garantierte über lange Zeit den Fortbestand der riesigen territorialen Gewinne; sie stand im Mittelpunkt der Staatsorganisation." (2011, S. 17) Folglich wäre dieses Kapitel unvollständig ohne einen kurzen Blick auf das über viele Jahrhunderte von den Europäern panisch gefürchtete osmanische Heer und die Kriegsmarine des Sultans.

Ursprünglich waren die Soldaten der Osmanen in Reiterheeren zusammengefasst. Infanterie war kaum vorhanden, die Artillerie noch nicht bekannt. Gekämpft wurde mit Lanzen und Pfeilen. Mit wachsender Größe des Reiches wurde das Heer unterteilt in Truppen des Sultans und Grenzsoldaten, die den Provinzgouverneuren unterstanden. Krieg wurde fast nur in den Sommermonaten geführt.

Mit dem Janitscharenkorps kam um 1330 die Infanterie zur Kavallerie hinzu. Sie unterstand direkt dem Sultan. Als stehende Truppe mit festem Sold und zugesagten Timaren wurden die Janitscharen zu einer schweren finanziellen Belastung für das Reich. Ab 1420 schufen die Osmanen mit Hilfe italienischer, ungarischer und deutscher Kanonengießer eine Artillerie, die ebenfalls dem Sultan unterstand.

Die Strategie der Osmanen war stets offensiv, die Taktik in der Schlacht jedoch defensiv ausgerichtet. Bei der Aufstellung des Heeres formierte sich die Reiterei neben dem Sultan, vor ihm die Janitscharen, hinter ihm die Kamele. Um sie herum wurden von allen Seiten Gräben aufgeschüttet, dahinter in Richtung des Feindes Erdwälle, dicht besetzt mit bedrohlich nach oben ragenden Spießen. In einem äußeren Ring wurden die Geschütze aufgestellt.

Die schwer bewaffnete christliche Reiterei durchbrach meist relativ schnell die ersten Linien und stürmte vor bis zur sogenannten Sultansschanze, hinter der sich der Herrscher befand. Das hatte Kraft gekostet. Deshalb wurde oft genau dort der Vorstoß der ermüdeten Reiter aufgehalten. Mit geballtem Einsatz von Janitscharen und Artillerie wurde der Gegner vernichtet oder in die Flucht geschlagen.

Die abendländische Kriegskunst verharrte zu lange im Glauben an den schlachtentscheidenden Einsatz der schweren gepanzerten Kavallerie. Auch verfügten die christlichen Heerführer über schlechte oder gar keine Aufklärung. Die Weiterentwicklung der türkischen Taktik, besonders auch der Artillerie, blieb ihnen lange Zeit verborgen, so dass sie ihre Fehler auf dem Schlachtfeld unzählige Male wiederholten.

Zu Beginn des 16. Jahrhunderts machte Selim I aus dem osmanischen Heer eine moderne Armee und stellte ihr eine Kriegsflotte zur Seite. Doch die christlichen Gegner hatten inzwischen das Prinzip verstanden. Allzu lange hatten die Sultane – keine Experimente! – an veralteter Kriegstechnik festgehalten. Nach der erfolglosen Belagerung Wiens 1683 geriet der Ruf der osmanischen Armee ins Wanken. Am Ende des Russisch-Türkischen Krieges 1768–1774 musste das Osmanische Reich endgültig erkennen, dass es seine Weltmachtstellung verloren hatte. Zwar wurden in den 1830er Jahren noch einmal umfangreiche Militärreformen durchgeführt. Dennoch erlangte das osmanische Heer niemals seine einstige Stärke zurück.

Die Streitkräfte zur See

Anders als die Kriegsflotten Athens, Karthagos, Roms, Spaniens, Portugals und der Niederlande, Englands und Frankreichs ging der gefürchteten Seestreitmacht der Osmanen keine geübte Handelsflotte voraus. „Trotzdem wurde das Osmanische Reich spätestens im 16. Jahrhundert zu einer bedrohlichen Seemacht, die, wenn nicht das ganze Mittelmeer, so doch wenigstens gut die Hälfte davon beherrschte." (Majoros, F., Rill, B., 2011, S. 36) Verantwortlich dafür zeichneten zwei große Sultane: Mehmet II (1451–1481), der Eroberer von Konstantinopel, und Süleyman II, genannt „der Prächtige", vor dem Europas Herrscher zitterten (1520–1566).

Mehmet hatte das Sultanat zu einer wehrhaften Kriegsstreitmacht auf See aufgebaut. Schon seine Vorgänger hatten 1390 in Gallipoli/Gelibolu eine größere Marinebasis errichtet. „Unter Mehmet II entstand das Arsenal im Goldenen Horn, gleichzeitig ließ er auch den byzantinischen Galeerenhafen im Kontoskalion als Kadırga Limanı ausbauen (1462/3)." (Kreiser, K., 2008, S. 62) Mehmet wollte Konstantinopel, und er wollte den Respekt der anderen Großmächte. Beide

Abbildung 38: Modell einer osmanischen Galeere, 16. Jahrhundert

Ziele hat er dank seiner Kriegsflotte erreicht. Süleyman hingegen war vom Eroberungsdrang beseelt. Auf den Werften in Galata vor den Toren Istanbuls ließ er Kriegsschiffe von großer Tonnage bauen. In Ermangelung osmanischer Schiffsbaukunst holte er fähige Konstrukteure aus anderen Ländern an den Bosporus und wies sie an, Schlachtschiffe zu entwerfen, die mit Hunderten von Soldaten und bis an die Masten reichender schwerer Artillerie bewaffnet werden konnten. Zum Oberkommandierenden seiner Seestreitkräfte bestimmte der Sultan mit Kapudan Pascha einen Korsaren. Dieser hatte seit 1518 einem Freibeuterstaat in Algier vorgestanden und ward eine gefürchtete Gestalt auf dem Mittelmeer und an dessen Küsten. „Was bei der

Ernennung des Seeräubers zum Großadmiral durch Suleiman ins Auge sticht, ist die uneingeschränkte Schätzung der Effizienz ohne Rücksicht auf alles, aber auch alles andere – und diese Denkweise war einer der wichtigsten Faktoren des spektakulären Erfolgs osmanischer Staats- und Kriegskunst." (Majoros, F., Rill, B., 2011, S. 38 f.)

Rund einhundert Jahre lang, etwa von der Mitte des 16. bis zur Mitte des 17. Jahrhunderts, gehörte der osmanischen Flotte praktisch das Mittelmeer. Die Taktik auf See war eine völlig andere als die auf den eher defensiv geführten Landfeldzügen: blitzschnell einkreisen, blitzschnell stürmen, blitzschnell mit der Beute abziehen.

Die Frage nach dem kämpferischen Antriebsmoment der Osmanen wird heute nur noch in Historikerzirkeln diskutiert. Viele glauben, dass es den tiefreligiösen Sultanen vorrangig um die Ausbreitung des Islams gegangen sei. Andere sind davon überzeugt, das Haus Oman habe sich für die Weltherrschaft berufen gefühlt. Beides mögen Quellen von Inspiration und Motivation sein. Von lang anhaltender Wirkung waren sie bei den Osmanen allerdings nicht.

Bildung und Schulwesen

Im Osmanischen Reich gab es kein staatliches Schulwesen. Die Moscheen unterhielten Elementarschulen, sogenannte Koranschulen, in denen den Jungen und gelegentlich auch Mädchen im vorpubertären Alter einige Jahre lang Koran-

unterricht erteilt wurde – falls ihre Eltern sie überhaupt
zur Schule schickten und nicht schon früh zu Landwirtschaft, Handwerk und Gewerbe heranzogen. „Die religiöse
Erziehung bildete das Hauptziel dieser Schulen." (Faroqhi,
S., 1995, S. 208) Die Lehrer waren kenntnisreiche Prakti-
ker, denn der Beruf des Pädagogen war damals unbekannt.
Professioneller hielt man das am Sitz des Sultans. In der
Palastschule, die von Mehmet II (1432–1481) eingerichtet
worden war – man nannte sie Pagenschule – und in denen
Wissenschaftler und hohe Militärs unterrichteten, wurden
die von der Knabenlese ausgehobenen Pagen unter ande-
rem in Sprachen (Osmanisch-Türkisch, Persisch, Arabisch),
Religionskunde, Kalligrafie und Militärwissenschaften
unterrichtet. Auf dem von strengster Disziplin geprägten
Lehrplan standen auch para-militärische Übungen. Nach
Abschluss der Erziehung verstärkten die meisten Pagen die
berittenen Palasttruppen. Besonders Begabten stand ungeachtet ihrer Herkunft der Aufstieg bis in höchste Staatsäm-
ter offen.

Das Studium in der Madrasa

Auch an den höheren Bildungseinrichtungen (Madrasas oder
Medrese), die den Moscheen beigesellt waren, unterrichteten fachkundige Männer des Geistes. In einer auf Mehmed
II zurückgehenden Gesetzessammlung war der Lehrstoff
genau vorgeschrieben. Nach dem Grundstudium der arabischen Grammatik sollten die Studenten Wissen auf den
Gebieten der Astronomie, Geometrie, Semantik und Rhe-

torik erwerben. „Es fehlte allerdings nicht an theologischen Meinungen, die ein Studium der Planeten und Fixsterne, das über die Ermittlung der Gebetszeiten und Gebetsrichtungen hinausging, für schädlich, wenn nicht für verboten hielten, weil es am Ende zur Wahrsagerei führe", notiert der Historiker Klaus Kreiser. (Kreiser, K., 2017)

Jeder Schüler hatte in jedem Fach gute Leistungen zu bringen; Schmalspurwissen galt als ungenügend. Schließlich zielte alles Lernen nur darauf, Allahs Willen zu kennen, um dessen Anweisungen später absichtsgetreu umsetzen zu können. Dafür musste die zur Elite ausgewählten Zöglinge nicht nur auf einigen wenigen, sondern auf sämtlichen Wissensgebieten beschlagen sein. (Inalcik, H., 1973, S. 165 ff.) Die Rangstufe der Professoren spiegelte das Ansehen der Madrasa wider, an der sie lehrten, was wiederum vom Standort, der Größe, der Pracht, der Historie und der Finanzierung des Bauwerks abhing. Die Schulleiter waren meist gleichzeitig Vorsteher einer privat-religiösen Stiftung, an denen es im Osmanischen Reich nicht mangelte (siehe Seite 121–123) und durch deren Zuwendungen erst die Lehre ermöglicht wurde. Die bekanntesten Bildungseinrichtungen in Konstantinopel waren die Stiftungen Mehmed II und Süleyman I. Die hier tätigen Professoren bekleideten die höchsten Ränge innerhalb des Bildungssystems. (vgl. Becker, U., 2017)

Um zum Besuch einer Madrasa zugelassen zu werden, mussten die Schüler zuvor die Elementarschule einer Moschee besucht und mit Erfolg abgeschlossen haben. Staatliche Schulen entstanden erst im Zuge der Bildungsreform in der Tanzimatzeit im 19. Jahrhundert (siehe Kapitel 4, S. 94).

Die Madrasas waren die Grundpfeiler der osmanischen Bildung. Je nach Länge der Ausbildung und Ansehen der Schule konnte ein Absolvent den Richterberuf ergreifen und Kadi werden, als Rechtsgelehrter (Mufti) die Scharia auslegen und damit den Richtern zuarbeiten oder in den Priesterstand eintreten. In jeder Moschee gab es Prediger sowie Vorbeter beim Freitagsgebet, die auf einer eigenen, leicht erhöhten Kanzel (Minbar) zur Gemeinde predigten. Der eigentliche Vorsteher der Gemeinde war der Imam, der oft auch priesterliche Rituale wie Beschneidung, Trauung und Begräbnis vollzog. Je nach Größe der Moschee beziehungsweise der dahinterstehenden Stiftung teilten sich mehrere Imame die Aufgaben in der Verwaltung und den religiösen Dienst.

Stammesschule und Universität

Die Tradition von staatlichen Schulen für die heranwachsende Elite des Reiches geht auf Murad I (1362–1389) zurück. Er war der erste Sultan, der in seinem Palast, damals in Edirne gelegen, besondere Lehrräume für angehende Hofbedienstete einrichtete. Sultan Bayezid II ging 1481 mit einem großangelegten Neubau im Istanbuler Stadtteil Galatasaray deutlich weiter. „A mosque and three hostels with the capacity of two hundred students each, three ham-

mâms, administration building and kitchen were built. (…)
Students were engaged in sports activities as well such as:
archery, jirit (ein dem Polo ähnlicher Pferdesport, d. Verf.)
etc." (Maksudoglu, M., 2011, S. 617) Die Nachfolger Bayezids behielten diese Palastschulen bei, gleichwohl sie nicht
immer für eine so großzügige Schülerschaft ausgelegt war.

Die Institutionen der Elementarschulen und Madrasas wurden bis zu den Tanzimat-Reformen im 19. Jahrhundert bei-
behalten. Im 18. und 19. Jahrhundert, als im Westen die
Aufklärung um sich griff und das Osmanische Reich im
Konzert der europäischen Großmächte seine Stimme erheben wollte, suchten die Sultane die Vorherrschaft der Religion in der Gesellschaft ein Stück weit zurückzudrängen.
„With regard to education (…) an alternative to the theo-
logical colleges had first been established in the eighteenth
century with the technically-oriented vocational schools
intended to provide trained personnel for the army and
navy. During the nineteenth century the number and range
of such schools continued to widen: would-be bureaucrats
were turned out by the mixed Muslim and Non-Muslim
civil service school founded in 1859, and by the lycée of
Galatasaray – which was also mixed – founded in 1868 on
the site of a school that had trained pages for the palace since
the sixteenth century." (Finkel, C., 2005, S. 476)

Sultan Abdülhamid II schließlich gründete 1892 in Istanbul
die „Großherrliche Stammesschule". Auch dahinter stand
ein politisches Ziel, nun allerdings das gegenteilige, der

Tradition eher trotzig zugeneigte: Die Söhne von Stammesführern sollten enger an das Osmanische Reich gebunden werden, weil dieser in seinem Fortbestand gefährdet war (s. Kapitel 4). Anfangs wurden nur Söhne arabischer Stämme zur Schule zugelassen. Später kamen noch kurdische und albanische Stammeskinder hinzu, um den Schülern und damit den Bewohnern der arabischen und anatolischen Provinzen die Ideen des Osmanismus und des Panislamismus nahezubringen.

Die erste osmanische Universität war das Darülfünun, auch Dar-ül Fünun genannt („Haus der Wissenschaften"). Sie wurde im Jahr 1900 auf Initiative von Sultan Abdülhamid II eingerichtet. Sie verdient deshalb die Bezeichnung Universität, weil unter ihrem Dach die 1866 gegründete Medizinische Hochschule, die 1880 gegründete Juristische Hochschule, die naturwissenschaftliche und mathematische Fakultät, die Literaturfakultät und die Theologiefakultät vereinigt wurden. Nach der Gründung der Republik Türkei ging die Darülfünun in der neugegründeten Universität Istanbul auf. 1914 wurde eine eigene Universität für Frauen gegründet. Nach anhaltenden Protesten der Studentinnen wurde die Frauenhochschule 1920 mit der Darülfünun zusammengelegt. Danach standen mit Ausnahme des Theologiestudiums alle Wissensgebiete beiden Geschlechtern offen.

Wissenschaft

Mehmed II, der Eroberer von Konstantinopel, war ein großer Förderer von Literatur und Wissenschaft. Er richtete sich private Bibliotheken ein und stiftete öffentliche Büchereien, für die er eigens Schriften produzieren ließ. Byzantinische philosophische und theologische Werke ließ Mehmed ins Arabische übersetzen, die Sprache des Korans, die er wie das Türkische und Persische perfekt beherrschte. Häufig lud Mehmed Wissenschaftler in seinen Palast, um mit ihnen Fragen der Philosophie, Theologie, Geschichte, Geografie und Kartografie, auch Astronomie und Astrologie zu diskutieren. Von Gennadios Scholarios, dem ersten ökumenischen Patriarch in Konstantinopel, ließ er sich sogar in die Geschichte und Glaubenslehre des Christentums einführen, um seine christlichen Untertanen wenn schon nicht zum Islam bekehren, so doch besser verstehen zu können.

Mit dem Zuzug des türkisch- oder persischstämmigen Ali Al-Quschdschī (1403–1474) aus Täbris nach Konstantinopel nahmen die Naturwissenschaften ab 1472 einen bedeutenden Aufschwung. Der Astronom, der zuvor in Samarkand gelehrt hatte, brachte mit seinem Wissen und mit seinem Bücherschatz profunde naturwissenschaftliche Kenntnisse aus der Epoche von Timur Lenk (siehe S. 32) an den Bosporus. Bis zu seinem Tod 1474 war Al-Quschdschī Professor an der Madrasa der Hagia Sophia. Dem Sultan widmete er zwei seiner bedeutenden Schriften, das mathematische Werk Muhammadiyya und al-Fathiyya, eine Studie über Sternenkunde. Er hinterließ zudem theologische, grammatische und juristische Werke. Der Ostpreuße Nikolaus Kopernikus, dem wir das heliozentrische Weltbild zu verdanken haben, soll die Werke des persischstämmigen Astronomen gekannt und in seine Arbeiten einbezogen haben.

Neben der Astronomie schätzten Mehmed II wie auch seine Nachfolger die lange Zeit als Wissenschaft geltende Astrologie. Vor allen wichtigen Beschlüssen und Unternehmungen ließen sich die Sultane bis in das 18. Jahrhundert hinein von ihren Hofastrologen beraten. Die erhalten gebliebenen medizinischen Schriften aus den Zeiten Mehmeds und Süleyman des Prächtigen zeigen einen deutlichen Bezug zum „Kanon der Medizin" von Ibn Sina oder Avicenna. (980–1037, s. Stähli, A., 2016b, S. 146f)

Die Madrasas der Fatih-Moschee, die Mehmed II errichten ließ, und später der Süleymaniye-Moschee waren die berühmtesten Stätten der Wissenschaft im Osmanischen Reich. Nur wer an letzterer mit Erfolg studiert hatte, bekam den ehrenvollen Titel „Istanbul Ruûsu" verliehen. Dieser Abschluss war im ganzen Osmanischen Reich Zugangsvoraussetzung für alle höheren Ämter.

In den Stadtvierteln rund um diese Moschee-Hochschulen breitete sich im 16. und 17. Jahrhundert ein regelrechtes Wissenschaftszentrum aus. Hier wohnten die meisten Mitglieder der Madrasas, die Professoren und die höheren Hofbeamten. Auch „die Studenten wohnten in den Hochschulen, sie studierten, aßen und arbeiteten dort. Manche

Lehrer kamen von außerhalb und unterrichteten dort nur. Man kennt diese Lehrerschaft auch unter den Bezeichnungen „Süleymaniye dersiami" und „Fatih dersiami" – also als Süleymaniye-Professoren und Fatih-Professoren. Nicht nur Studenten, auch Anhänger und Interessierte kamen an den Tagen, wenn diese Lehrkräfte in den Moscheen unterrichteten, um ihnen zuzuhören." (Ortayli, I., 2012, S. 147)

KAPITEL 6

Was wir von den Osmanen lernen können
Multikulturelle Vielfalt braucht nachhaltige Integration.
Und gesunde Staatsfinanzen.

Zu Grabe getragen wurde das Imperium der Nachfolger Sultan Osman des Ersten im Jahr 1923 mit der Gründung des türkischen Staates. In manchem zeitgenössischem Politiker der modernen Türkei indes scheint die sehnsüchtige Erinnerung an frühere Großmachtzeiten fortzuleben. Tatsächlich war das Osmanische Reich ein riesenhaftes Gebilde, vom Kaukasus bis zum Iran reichend, im Süden bis zum Jemen und im Westen bis nach Malta und dem Atlas-Gebirge. Doch obwohl unmittelbar vor den Toren Europas gelegen, gelang es den Herrschern nie, in den Kreis der europäischen Großmächte aufzusteigen – oder, nach der türkischen Lesart, aufgenommen zu werden.

Es ist dies genau die richtige Zeit, um das Wissen um das Osmanische Reich und die Politik seiner Herrscher aufzufrischen und unter einem ganz neuen Blickwinkel zu betrachten. Wo lagen die Stärken, wo die Schwächen von Reichsgründer Osman I und den ihm nachfolgenden Sultanen? In welcher Hinsicht kann man sich ihr Denken und Handeln heute noch zum Vorbild nehmen, vielleicht sogar gerade heute? Wo irrten sie? Was ist ihnen aus aufgeklärter Sicht der Moderne, aber nicht nach heutigen Maßstäben vorzuwerfen? Mit Jared Diamond (2013) wollen wir untersuchen: Was macht die osmanische Zeit für uns so faszinierend? Welche gesellschaftliche, politische oder wirtschaftliche Errungenschaft ist es wert, heute aufs Neue erinnert zu werden? Welche strategischen Leistungen müssen wir anerkennen, und welche strategischen Fehler haben Osman I, Bayezid II, Selim I und Süleyman der Prächtige begangen? Müssen wir aus dem Untergang des Osmanischen Reiches schließen, dass jede staatliche oder organisatorische Großmacht irgendwann ihren Zenit überschreitet?

Das Osmanische Reich hätte nicht mehr als 600 Jahre Bestand gehabt, hätte seine Geschichte aus einer Aneinanderreihung von Führungsfehlern bestanden. Wohl hat das riesige Konglomerat aus ererbten und erkämpften Ländern unter einem schlecht agierenden Sultan gelitten, wohl haben zwei oder drei aufeinanderfolgende misswirtschaftende Generationen das Reich beschädigt, doch niemals erschüttert. Kein fremdes Heer hat das Kerngebiet der Osmanen jemals betreten, mit der kurzen Ausnahme Timurs zu Beginn der osmanischen Zeit. Man muss das anerkennen, ebenso wie den Kampfgeist, den die osmanischen Truppen über Jahrhunderte hinweg eindrucksvoll demonstriert haben. Die Angst vor der Macht am Bosporus hat Europa viel von seiner Einigkeit verliehen, die der Kontinent erst heute wieder zu verlieren droht.

Im Inneren des Reiches deutete sich sein Zerfall schon während der Hochblüte unter Süleyman dem Prächtigen an. Ebenso wie das Römische Reich erlag die Hohe Pforte letztlich nicht äußeren, sondern inneren Verletzungen. Die Sultane haben manches Mal vorbildlich sogar für uns heute Lebende gehandelt. Sie haben aber auch sehr viele vermeidbare Fehler begangen. Das endgültige Urteil wird die Geschichte sprechen. Und die ist noch nicht vorüber.

Wie gewohnt, habe ich über den historischen, kulturellen und staatsorganisatorischen Abriss über das Osmanische Reich hinaus einige Thesen extrahiert, die uns Heutigen Denkanstöße liefern und von Gewinn sein können. Besonders hilfreich sind sie für die Gestalter, Verwalter und Lenker von Organisationen, die Menschen unterschiedlicher Ethnien, Herkunft und Kultur anzuleiten und in eine sichere Zukunft zu führen haben. Angesichts der voranschreitenden Globalisierung der Wirtschaft dürften das nicht wenige sein. Das Osmanische Reich ist – angesichts der jüngsten Entwicklungen in der Türkei muss man hinzufügen: nach heutigem Kenntnisstand – Geschichte. Eine Geschichte, so meine ich, aus der vieles gelernt werden kann.

These 1: Ohne Integrationsmaßnahmen kann man ein multikulturelles Gebilde nur durch ständiges Wachstum zusammenhalten. Allerdings lediglich für eine begrenzte Zeit.

These 2: Fehlender Finanzsachverstand treibt Länder wie Unternehmen in den Ruin – oder in die Abhängigkeit von fremden Geldgebern, was über kurz oder lang zum selben Ergebnis führt.

These 3: Eine gut ausgebildete Verstandes- und Wissenschaftselite aus den eigenen Reihen hält Ideologen und Religionseiferer im Zaum.

These 4: Traditionsbewusstsein ist gut. Aber starres Festhalten an überkommenen Werten, Organisationen und Techniken versperrt den Weg in die Zukunft.

These 5: Nicht nur einzelne Menschen, sondern die ganze Menschheit profitiert vom Austausch. Selbstgewählte Isolation führt ins Hintertreffen.

These 1:

Ohne Integrationsmaßnahmen kann man ein multikulturelles Gebilde nur durch ständiges Wachstum zusammenhalten. Allerdings lediglich für eine begrenzte Zeit.

Das Osmanische Reich war ein Vielvölkerstaat. Wir würden heute von einer multiethnischen und multikulturellen Gesellschaft sprechen. Ebenso wie multinationale Unternehmen braucht solch ein heterogenes Gebilde Zusammenhalt, eine äußere wie innere Verfasstheit. Das kann eine gemeinsame Idee, ein Ziel oder eine Herausforderung sein, die nur zusammen gemeistert werden kann. Die Kurzform dafür heißt: Integration.

Integration eines bunten Vielfachen ist beileibe kein Selbstgänger, sondern fordert eine kluge und nachhaltige Politik. Diese Mammutaufgabe beschäftigt Staats- wie Unternehmensführer noch heute – und gerade heute. So muss ein Staat seinen Bürgern zwar Sicherheit zusichern können, aber gleichzeitig freiheitliche Werte zulassen. Und ein Unternehmen muss seine Firmenwerte schützen können, aber auch für eine Atmosphäre sorgen, die die Produktivität und Kreativität der Mitarbeiter fördert sowie deren Menschenwürde nicht verletzt. Die Balance zwischen allzu großer Freiheit und allzu strenger Kontrolle gilt es auszutarieren, um Integrationserfolge wie Loyalität gegenüber dem Staat oder dem Arbeitgeber zu erzielen.

Als Negativbeispiel soll der gläserne Mitarbeiter dienen, der schon lange keine Utopie mehr ist. Die Technik bietet Arbeitgebern heute alle erdenklichen Möglichkeiten der Personalkontrolle, aber diese schränken die Freiheit der Mitarbeiter mitunter unverhältnismäßig stark ein. Viele Unternehmen nutzten die vernetzte Überwachung über Gebühr, weil sie zuweilen nicht nur die Grenzen des moralisch Fraglichen überschritten, sondern auch den rechtlichen Rahmen sprengten. Die Deutsche Telekom spähte Aufsichtsräte, Manager und Journalisten aus. Die Deutsche Bahn scheute sich nicht, regelmäßig die E-Mails ihrer Mitarbeiter mitzulesen. Die Lebensmittel-Discounter Lidl und Aldi beobachteten ihre Belegschaften regelmäßig über Minikameras, die offiziell dem Schutz vor Ladendieben dienten. Bei der amerikanischen Modekette Hollister waren Taschendurchsuchungen und Leibesvisitationen der Angestellten die Regel, Mitarbeiter wurden sogar vom Wachpersonal zur Toilette begleitet. Erst eine gerichtlich erzwungene Betriebsvereinbarung stoppte den Überwachungswahn. (dpa/Der Spiegel, 2013)

Arbeitsjurist Tobias Werner weiß: „Die Überwachung von Mitarbeitern ist ein sehr sensibles Thema. Wer dabei seine Mitarbeiter aus dem Blick verliert, verspielt schnell das Vertrauen der Belegschaft. Arbeitgeber sollten stets abwägen, ob ihre Maßnahmen wirklich notwendig sind oder ob sie nur einen Kontrollwahn befriedigen. Und zugleich sollte Mitarbeitern klar sein, dass Überwachung überflüssig ist, wenn sie sich korrekt verhalten." (Hockling, S.; Leffers, J., 2015)

Staaten tragen Verantwortung für ihre Bürger, Unternehmen gegenüber ihren Mitarbeitern und Kunden. Mit Laissez-faire und Wegschauen ist niemandem geholfen. Ohne Kontrolle geht es oft nicht. Das mussten die osmanischen Sultane mehr als einmal schmerzlich erfahren, wenn ein Provinzstatthalter statt in die Schatulle der Hohen Pforte in die eigene Tasche gewirtschaftet hatte. Sie zogen daraus allerdings nicht die Lehre, Vertrauen nur gegen erwiesene Loyalität zu gewähren und die Freiheitsgrade ihrer Stellvertreter genau zu definieren. Eine klare „Arbeitsplatzbeschreibung" mit festgelegten und überwachten Verboten und Erlaubnissen ersticken manche Verlockung im Keim und festigen den Zusammenhalt im Vielvölkerreich – damals wie heute.

Unternehmer sind also gut beraten, es den osmanischen Herren nicht gleich zu tun. Weder sorgten sie sich um die kulturelle Integration in den eroberten Gebieten, noch sahen sie genauer hin, was ihre teils korrupten Abgesandten und Statthalter in den eroberten Gebieten taten. Starke, selbstbewusste Provinzen mit einer eigenen, aber dem osmanischen Zentralstaat aufs Engste verbundenen Kultur konnten so nicht entstehen. Die Osmanen fanden keinen Mittelweg zwischen Unterdrückung und Laissez-faire. Damit verspielten sie eine große Chance.

Dass ständiges Misstrauen einer Zentraleinheit gegenüber ihren Satelliten kontraproduktiv ist, bestätigt Armin Falk, Forschungsdirektor am Institut zur Zukunft der Arbeit (IZA). Wer der Performance seiner Mitarbeiter misstraue, den bestraften sie mit schlechten Leistungen; wer optimistisch sei und ihnen freie Hand lasse, werde hingegen belohnt: „Principals who trust induce, on average, a higher performance and hence earn higher payoffs than principals who control. The reason is that most agents lower their performance as a response to the signal of distrust created by the principal's decision to limit their choice set. Our results shed new light on dysfunctional effects of explicit incentives as well as the puzzling incompleteness of many economic contracts." (Falk, A., Kosfeld, M., 2004)

Gute Betreuung hat nur wenig mit Kontrolle zu tun. Das gilt insbesondere für Auslandseinsätze der eigenen Mitarbeiter. Der überbordende Nationalismus der Osmanen schürte Frustration in den Provinzen. Interkulturellen Austausch, wie er heute zu jedem Standardprogramm für Expatriates gehört, kannten die Osmanen nicht, sie addierten lediglich ein Volk zum anderen. Die Offenheit gegenüber anderen Kulturen hätte sich auch kaum mit ihrem überhöhten Selbstbewusstsein vertragen. Heute sind wir klüger: „Nur mit einem tiefer gehenden Verständnis für die fremde Sicht der Dinge öffnet sich uns der Weg für die vorurteilsfreie, vertrauensvolle Interaktion mit ausländischen Kollegen und Geschäftspartnern", lautet der Appell aus dem Institut der deutschen Wirtschaft in Köln. Das Wissen um kulturelle Toleranz ist in den Unternehmen vorhanden. In einer Studie der IW Consult nennen 80 Prozent aller Unternehmen interkulturelle Kompetenz als wichtigen oder sehr wichtigen Faktor für den Erfolg von Auslandsaktivitäten. Dazu gehören die Bereitschaft zur Kommunikation, Wissen um die fremde Alltagskultur, Gewandtheit in der nonverbalen Kommunikation sowie Kenntnisse des politischen Systems und der Geschichte des Landes. Fehlen diese interkulturellen Kompetenzen, befürchten 70 Prozent aller befragten Unternehmen ein Scheitern der Auslandsaktivität. (Institut der deutschen Wirtschaft, 2010)

Der Niederländer Geert Hofsteede, ein renommierter Soziologe und Kulturwissenschaftler, drängt auf die Bereitschaft, gegenüber anderen Kulturen die Augen zu öffnen und über den eigenen Tellerrand zu blicken. Ansonsten endeten Auslandsengagements im Fiasko: „That confusion is partly due to a lack of interdisciplinary orientation. We all come from our own discipline, and we tend to see only our side of the social world. When you study cultures you have to be open to relevant information from various disciplines, from anthropology, from sociology, from social psychology, and even from individual psychology and from economics. All those disciplines play some role and without being an expert on all of them, one should at least be prepared to listen to what the experts from the other side say." Das heißt nicht, dass Unternehmen ihre eigenen kulturellen Werte den Gegebenheiten im Ausland opfern sollten. Hofsteede gibt konkrete Handlungsanleitung: „It is difficult to impose one's corporate culture when moving to a different place. The easiest way is by starting a ‚greenfield site‘, building up one's own subsidiary in the other country from scratch. In this case you select the people you think will fit into your organisation. Right from the start, they will get accustomed to act in the corporate cultural way." (Fink, G., 2007)

Diese Sensibilität lässt auch der Nachfolgestaat des Osmanischen Reiches in der Zypernfrage vermissen. Der autoritärnationalistische Kurs von Präsident Recep Tayyip Erdogan hinterlässt nicht nur innenpolitisch bittere Spuren. Statt einer wohlwollenden Politik, mit der Erdogan die griechische Bevölkerung der strategisch wichtigen Insel für sich gewinnen könnte, setzt der Staatschef konsequent auf die militärische Karte. Die Türkei hat im Norden Zyperns derzeit rund 30.000 Soldaten stationiert. (Höhler, G., S. A5) Zudem bezweifelt Erdogan die Gültigkeit des 1923 geschlossenen Friedensvertrags von Lausanne, der die Grenzen zwischen Griechenland und der Türkei regelt. Spannungen provoziert der Präsident auch in Richtung Ägypten. Deren laizistische Militärherrscher beschuldigen Erdogan, die fundamentalislamistischen Moslembrüder zu unterstützen. Beobachter glauben, Erdogan versuche einen Keil zwischen die Bevölkerung und die Verwaltung zu schieben, in dem er die ägyptischen Bürger lobt, die ägyptische Administration jedoch verteufelt. (Aswestopoulos, W., 2016) Der türkische Staatschef verfolgt eine Politik, die Muskeln und Provokation vor Kooperation und Toleranz setzt. Dass man damit aber keine Freunde gewinnt, hätte er unschwer aus der Geschichte der osmanischen Sultane lernen können.

Wie Demokratie gelebt und die Bevölkerung in ihr fordernd eingebunden wird – man möge mir das Heimspiel nachsehen –, zeigt das Beispiel der Schweiz. Trotz vieler, manche stöhnen zu vieler, Volksabstimmungen ist die Staatsform nicht die einer radikalen Basisdemokratie. Davor schützt ein kontrollierendes und regulierendes Instrument: das Parlament, in dem Berufspolitiker die Stimme des Volkes auf Sinnhaftigkeit und Umsetzbarkeit prüfen. „Dahinter steht die Einsicht, dass die Wähler gar nicht das nötige Fachwissen besitzen können, um die Folgen von Volksabstimmungen im Detail zu überblicken", schreibt die Wissenschaftsjournalistin und Buchautorin Ulrike Herrmann. (Herrmann, U., S. 10) Anders ist es in Großbritannien. Dort unterwarf sich die politische Elite bei der Entscheidung über den Austritt aus der Europäischen Union dem Willen des Volkes. Herrmann resümiert: „Es ist an der Zeit, dass die Briten von den Schweizern lernen: Volksabstimmungen sind hilfreich – aber sie ersetzen nicht das Nachdenken im Parlament."

Es ist Zeit für die Türkei, aus den Fehlern der Osmanen und damit aus ihrer eigenen Geschichte zu lernen. Ständiges Wachstum mag Staaten und Unternehmungen für eine gewisse Zeit zusammenhalten, nicht aber auf Dauer. Der innere Zusammenhalt muss anders hergestellt werden. Ernstgemeinte Integration setzt einen Rahmen für selbstbestimmtes Handeln und achtet sorgsam darauf, dass dieser nicht gesprengt wird.

These 2:

Fehlender Finanzsachverstand treibt Länder wie Unternehmen in den Ruin – oder in die Abhängigkeit von fremden Geldgebern, was über kurz oder lang zum selben Ergebnis führt.

Die Geschichte der osmanischen Sultane ist über viele Jahrhunderte hinweg eine Geschichte von Prunksucht und Verschwendung. Zugegeben, die Eroberungszüge und die Sicherung der Grenzen des gewaltigen osmanischen Reiches machten hohe Militärausgaben erforderlich. Auch suchten die Herrscher sich das Volk mittels Geschenken geneigt zu machen. Allerdings verschlangen die Hochrüstung, der Kauf von Wohlwollen und der opulente Hofstaat so viel Geld, dass zivile Projekte und Reformen sehr häufig nur über Kredite ausländischer Geldgeber zu finanzieren waren. Keine einzige Quelle belegt eine nachhaltige und perspektivische Finanzpolitik der Osmanen. Fast immer regierte die Großmannssucht. Solange die Provinzen Steuergelder ablieferten, schienen Sparprogramme entbehrlich. Weitsichtige und abwägende Strategien hatten keinen Platz in einer Welt, die nur am schnellen Konsum und Gewinn interessiert war. Die Folgen sind ebenfalls Geschichte. Sehenden Auges begaben sich die Osmanen in die fatale Abhängigkeit der Geldgeber Englands, Frankreichs und anderer Nationen.

Misswirtschaft war auch ein Grund, weshalb sich 2011 der Traditions-Fußballverein 1860 München in finanzielle

Abhängigkeit begab. Unter der Sponsorship von Vereins-
präsident Karl-Heinz Wildmoser, einem erfolgreichen und
wohlhabenden Münchner Gastronomen, stieg der Dritt-
ligaverein in den1990er Jahren binnen zwei Jahren in die
erste Bundesliga auf. 2001 wurde Wildmoser dafür das
Bundesverdienstkreuz verliehen. Doch nach dem Rücktritt
des „Münchner Urviech mit patriarchischem Auftritt", wie
ihn die Rheinische Post bezeichnete (2004), war der Verein in einem finanziell desolaten Zustand. 1860 München
hat seitdem nicht mehr aus der Krise herausgefunden. Das
kommt davon, wenn man sich in finanzielle Abhängigkeit
begibt.

Der zweite und weitaus schwerer wiegende Fall von Großmannssucht sollte den Bayern aber noch bevorstehen. 2011
übernahm der Investor Hasan Ismaik die Regentschaft bei
den Münchnern. Er wurde mit offenen Armen aufgenommen, denn ohne das Geld des jordanischen Milliardärs hätte
der Verein in die Insolvenz gehen müssen. Doch seit Beginn
seines Engagements in München hadert Ismaik mit den
Vorschriften, die nicht seinen Vorstellungen entsprechen
und denen er sich nur widerwillig unterwirft. Nach den
Regeln der Deutschen Fußball Liga darf er nur 49 Prozent
der stimmberechtigten Anteile der Profiabteilung besitzen.
Zahlen, aber nicht allein entscheiden – das entzog sich seiner Vorstellungskraft. Während die einen Ismaik als Ret-
ter feierten, hätten andere einen geordneten Rückzug und
einen soliden sportlichen und wirtschaftlichen Wiederauf-
bau vorgezogen, statt sich in die Fesseln fremden Geldes

zu begeben. Ein Fan meint: „Ismaik versteht nicht, dass man einen Fußballverein in Europa nicht so führen kann wie eine Firma in der arabischen Welt." (Schlammerl, E., 2017) Das Vereinsmanagement hält sich mit Kritik zurück und nickt in der Regel die Entscheidungen des Sponsors ab – aus Sorge, er könnte seine Zahlungen einstellen. Dieser regiert nach Gutsherrenart: Er verbot Fans eines Gastvereins das Jubeln, eine Schiedsrichterin sollte sich nach einem Spiel bei ihm für die angeblich schlechte Leistung entschuldigen, und Medienvertreter erhielten wegen nicht genehmer Berichterstattung Hausverbot. Der Verein lieferte sich völlig dem unberechenbaren Investor aus. Auch hier ist die Parallele zu den Osmanen unverkennbar, deren Herrscher häufig zu Prunk neigten und die Bodenhaftung verloren. Die Sehnsucht des Münchner Fußballvereins, um jeden Preis mit dem inzwischen weit enteilten Konkurrenten Bayern München mithalten zu können, droht den Klub über kurz oder lang in den Ruin zu treiben. Scheitert das Projekt Ismaik, hat 1860 München nicht nur abgewirtschaftet, sondern auch seinen einst guten Ruf endgültig verloren. (Schlammerl, E., 2017)

Auch die Bürger der Europäischen Union verstehen sich trotz der Lehren, die sie aus der Finanzkrise hätten ziehen können, nicht auf Geldanlagen. Das Finanzwissen und die Fähigkeit, kluge finanzielle Entscheidungen zu treffen, haben sich bei den Europäern in den vergangenen zehn Jahren nicht wesentlich verbessert, besagt eine vom Versicherungskonzern Allianz in zehn EU-Ländern durchgeführte Umfrage. Auf dem Kontinent ist das Wissen um den besten Umgang mit Geld in Österreich, Deutschland und die Schweiz am größten. Frankreich, Portugal und Italien schneiden in Sachen finanzielle Grundbildung am schlechtesten ab, belegt die Studie „When will the Penny Drop: Money, financial literacy and risk in the digital age". Die Studie bestätigt übrigens auch die Vermutung, dass Menschen mit einem soliden finanziellen Wissen auch in anderen Dingen die besseren Entscheidungen treffen. (Allianz, 2017) Für die Osmanen ist sie allerdings einige Jahrhunderte zu spät erschienen.

Auf einen kurzen Nenner gebracht: Die osmanischen Sultane konnten nicht mit Geld umgehen. Das an sich reiche Land brachte zwar auskömmliche Steuern hervor, doch die Mittel zerstieben in Militärausgaben und Prachtentfaltung am Hof des Sultans. Als geradezu fatal erwies sich die Schuldenaufnahme im Ausland, zuerst bei den italienischen Stadtstaaten, später in England, Frankreich und dem deutschen Reich. Den Geldgebern war dies nur recht, denn so konnten sie das Osmanische Reich willkürlich mit aufgezwungenen Verträgen knebeln. Die Lehre daraus ist heute eine finanzwirtschaftliche Binsenweisheit – und wird trotzdem oft genug missachtet.

These 3:

Eine gut ausgebildete Verstandes- und Wissenschaftselite aus den eigenen Reihen hält Ideologen und Religionseiferer im Zaum.

Mit seinen Reformen öffnete Mahmut II zu Beginn des 19. Jahrhunderts die Tür in die Neuzeit. Anstelle der Religion sollte in Militär, Schulwesen und Verwaltung die Vernunft regieren. Äußeres Zeichen dieses Wandels war die politische Entscheidung, den Einfluss der Janitscharen zurückzudrängen. Denn sie hatten sich, zu Recht, ab dem 15. Jahrhundert als Macht im Staat gefühlt und fortwährend dessen zaghafte Modernisierungsbemühungen im Keim erstickt. Was freilich kein Beweis dafür ist, dass exzellent ausgebildete Menschen per se fortschrittsfeindlich sind. Mahmut II wusste, dass Bildung der einzig gangbare Weg aus religiöser Abhängigkeit und mittelalterlichem Denken war. Eine Zukunft konnte es nur geben, wenn sich eine neue Elite den politischen und gesellschaftlichen Bräuchen des Westens zuwandte.

Die Tugenden der alten Elite, der Janitscharen, waren Enthaltsamkeit, Gehorsam und Disziplin. Damit legten sie den Grundstein für ihren sozialen Aufstieg, damit verschafften sie sich über Jahrhunderte hinweg politische Macht und Einfluss. Da liegt der Vergleich mit den Absolventen der französischen École Nationale d'Administration (ENA) nahe. Die Zähigkeit, mit der die Janitscharen ihre Karriere verfolgten, ist auch jenen Abiturienten eigen, die eines der härtesten Hochschulprogramme der Welt durchlaufen haben. Die Nationale Hochschule für Verwaltung ist eine in Straßburg ansässige Ausbildungsstätte, die traditionell die Oberschicht der französischen Verwaltungsbeamten heranbildet. Sie wurde 1945 von Charles de Gaulle ins Leben gerufen, um den Aufbau einer von der Vichy-Vergangenheit unbelasteten Verwaltung zu ermöglichen. Weltweit dürfte keine Schule so viele Staatsdiener hervorgebracht haben wie die Elite-Akademie in Straßburg. Jüngstes Beispiel ist der politische Staatspräsident Emmanuel Macron.

Mit der Maßgabe, eines Tages zur wirtschaftlichen oder politischen Elite des Landes zu gehören, besuchen die jungen Leute zunächst die Classes préparatoires, die Vorbereitungsklassen für die Elitehochschulen. Zwei Jahre lang unterziehen sie sich einem beinahe militärischen Drill, um nach bestandener Prüfung an der ENA aufgenommen zu werden. Spezielle Klassen werden für Geistes-, Natur- und Wirtschaftswissenschaften angeboten. Was sie gemeinsam haben, ist der Ruf besonderer Härte. Viele Schüler halten der Belastung nicht stand. Die Ausbildung unterzieht sie nicht nur intellektuellen, sondern auch extremen psychischen Prüfungen.

Die Schüler müssen jede Woche rund 65 Stunden lernen. „Die Tage beginnen um acht Uhr morgens und enden nach Mitternacht", berichtet der spätere ENA-Student Alexandre. Trotz des Verzichts auf Freizeit sind sich fast alle Absolventen einig, dass sie die Classes préparatoires sehr gut auf die weiteren Karriereschritte vorbereitet hätten, allein schon, weil sie dort gelernt hätten, Probleme von vielen Seiten anzugehen und zu bewältigen. Doch nach den beiden Vorbereitungsjahren ist der Zugang zur ENA keineswegs gesichert. Wer dort ein Studium aufnehmen möchte, muss schriftliche Aufnahmetests ablegen. Die mündlichen Prüfungen ähneln beruflichen Bewerbungsgesprächen, bei denen es vor allem um soziale Kompetenzen, autonomes Denken, eine starke Persönlichkeit und gutes Ausdrucksvermögen geht. (Wüpper, G., 2016) Dass die Auswahl gelingt, zeigt die eindrucksvolle Reihe von Staatspräsidenten, Ministern und leitenden Regierungsbeamten, die samt und sonders ihren letzten Bildungsschliff der ENA verdanken.

Von historischem Geist war die Einrichtung, auch „Spiegel des Staates" genannt, viele Jahre lang geprägt. Um den Zugang zur ENA so gerecht und transparent wie möglich zu gestalten, wurde ein rigoroser Concours (Wettbewerb) als Zulassungsverfahren eingeführt. Von jährlich etwa 3000 Bewerbern bestehen auch heute noch nur rund 120 das strenge Auswahlverfahren.

Der exzellente Ruf der École Nationale d'Administration geht weit über die Landesgrenzen hinaus. Unter den ausländischen Absolventen sind viele Deutsche, darunter der ehemalige Diplomat Joachim Bitterlich, der Wirtschaftswissenschaftler Andreas M. Kaplan sowie die frühere schleswig-holsteinische Umweltministerin Edda Müller. Weit ranghöher und namhafter ist die Riege französischer Absolventen, darunter die früheren Staatspräsidenten Valéry Giscard d'Estaing, Jacques Chirac und François Hollande sowie Jean-Paul Costa, der ehemalige Präsident des Europäischen Gerichtshofs für Menschenrechte.

Mit den abschließenden Prüfungen ist die Reifezeit bis zur Elite nicht beendet. Französische „Enarchen", so nennt man die Absolventen der ENA, müssen anschließend mindestens zehn Jahre im französischen Staatsdienst arbeiten. Die enge Bindung an das Vaterland wird durch den Dienst zunächst beim Conseil d'État, beim Rechnungshof oder in französischen Ministerien gefestigt. Welchem Abschlussjahrgang ein Absolvent angehört, wird durch den Namen einer historischen Gestalt dokumentiert. So tragen die Abgänger des Jahres 1966 im Titel den Promotionstitel-Zusatz „Montesquieu".

Seit ihrer Gründung verfolgt die Hochschule der Vorwurf, ihre Absolventen seien der Realität entfremdete Technokraten, die zwei Jahre lang besessen um ihren Ranglistenplatz kämpften, um sich dann gegenseitig Posten zu verschaffen. Zudem hält sich hartnäckig das Klischee von den Enarchen als staatsverliebten Dirigisten, die von den Prinzipien und Methoden der Marktwirtschaft herzlich wenig wissen. Die Hochschule weist die Kritik zurück. Eine einseitige ideologische Ausrichtung oder das Wiederkäuen überkommener Lehrinhalte würden schon dadurch verhindert, dass die ENA keine festen Professoren hat, sondern wechselnde Gastdozenten. (Lehnartz, S., 2013) Moderne Business Schools, auch in der Schweiz, folgen diesem Prinzip. Es scheint tatsächlich einiges dafür zu sprechen.

Eine vergleichbare Elitebildung, wie es sie für die osmanischen Staatsbeamten und die Angehörigen des Janitscharen-Korps gab und bis heute in Frankreich für hohe Staatsdiener gibt, ist für deutsche Führungskräfte nicht vorgesehen. Die Heranbildung und Vervollkommnung ihrer obersten Führungsebene genießt in deutschen Unternehmen nur selten Priorität. „Eine Führungskraft aufzubauen ist ein langfristiger, stufenweiser Prozess – nicht nur in Hinblick auf formale Beförderungsstufen, sondern vor allem in der persönlichen Entwicklung", weiß Michael Holle, Vice President Germany des Beratungsunternehmens Right Management. Deutschen Unternehmen, bemängelt er, fehle bei diesem Thema oft der Weitblick.

Laut einer Studie aus seinem Haus setzt nur knapp ein Drittel der Personalentscheider in Deutschland die Führungskräfteentwicklung ganz oben auf ihre Agenda. Dabei liegen für Holle die Vorteile, Talente aus dem eigenen Unternehmen zu fördern, auf der Hand: Man spart komplexe und aufwendige Bewerbungsverfahren. „Zudem ist das Risiko einer Fehlbesetzung höher, wenn Arbeitgeber und Arbeitnehmer sich nicht kennen. Wer dagegen mehrere Jahre in einer Firma verbracht hat, kennt die Teams und Abläufe und weiß auch ungefähr, welche Herausforderungen mit einer leitenden Position im eigenen Unternehmen verknüpft sind." In Zeiten des Fachkräftemangels sei es wichtig, Signale nach außen zu senden: „Wer bestehende Mitarbeiter an sich binden und neue Talente gewinnen will, muss ihnen zeigen, dass sie eine Perspektive im Unternehmen haben, dass persönliche Weiterentwicklung ausdrücklich erwünscht ist und unterstützt wird." Das oftmals passive Verhalten vieler Arbeitgeber in Deutschland führe dazu, dass immer wieder Talente unentdeckt blieben. Ein schwerer Fehler, wie Holle meint: „Denn die Entwicklung eigener Führungskräfte ist immer noch der leichteste Weg, loyale und kompetente Manager von morgen für sich zu gewinnen." (Holle, U., S. 20 f.)

Loyalität bedeutet freilich nicht, sich nicht von den Schablonen der Altvorderen lösen zu können. Führungskräftebildung heißt auch, neue Wege zu erspähen, zu bahnen und zu beschreiten. Ohne den Perspektivwechsel sind keine Innovationen möglich.

Ohne eine gebildete Elite – keine eingebildete Elite! –, die sich zudem ständig weiterentwickeln muss, sind menschliche Organisationen weder führ- noch steuerbar. Die osmanischen Sultane hatten früh erkannt, dass eine durch Haltung und Bildung herausragende Militärkaste in der Bevölkerung geachtet sein würde. Es galt als Ehre, dieser Truppe anzugehören. Schon das rechtfertigt den Elitegedanken: Er setzt den Wettbewerb in Gang, zu den Besten zu gehören und für das Land, das Unternehmen, die Organisation sein Bestes zu geben.

These 4:

Traditionsbewusstsein ist gut. Aber starres Festhalten an überkommenen Werten, Organisationen und Techniken versperrt den Weg in die Zukunft.

Bis zum Beginn des 19. Jahrhunderts stand die Führung des Osmanischen Reiches dem Westen äußerst distanziert gegenüber. Die Menschen in den Dörfern Anatoliens und in den Kleinstädten entlang der Meeresküsten waren den Geistlichen, der Ulema, hörig. Sie waren erzkonservativ und lehnten Neuerungen ab. Als strenge Bewahrer des muslimischen Gemeinwesens predigten die Angehörigen der Ulema die Allmacht Allahs und wandten sich ebenso gegen technische und gesellschaftliche Entwicklungen, wie man es zur gleichen Zeit überall in Europa beobachten konnte. Die Geistlichen waren ebenso in der Tradition verhaftet wie die Janitscharen. Damit standen dem Fortschritt gleich zwei einflussreiche Gruppen entgegen. Nur schrittweise gelang es der aufgeklärten Elite, den Einfluss des Militärs und der religiösen Kräfte einzudämmen. Doch letztlich konnte damit der Untergang des Osmanischen Reiches nicht aufgehalten werden.

Traditionspflege zahlt sich nur dann aus, wenn sie sich an technische und gesellschaftliche Entwicklungen anpasst. Werden zukunftsweisende Trends übersehen, hilft großen Unternehmen auch der Verweis auf Legenden und der Ruf als Global Player nicht. Die eigene Erfolgsgeschichte als normgebend und vor Krisen schützend zu betrachten, verführt zum Scheuklappendenken und damit zum Stillstand. „Wer nicht an die Zukunft denkt, wird keine haben", wusste bereits der englische Schriftsteller und Dramatiker John Galsworthy (1867–1933), freilich ohne explizit auf die Großindustrie Bezug zu nehmen.

Wären 2015 nicht die Abgastricks öffentlich bekannt geworden, hätte Volkswagen vermutlich weiterhin auf die Strategie gesetzt, alles beim Alten zu belassen. Das sieht Autoexperte Ferdinand Dudenhöffer von der Universität Duisburg-Essen offenkundig auch so, wenn er sagt: „Ohne Dieselgate wäre VW voll vor die Wand gefahren." (Kröger, M., 2016) Solange der Verkauf brummte und es gelang, Volkswagen-Automobile als besonders umweltfreundlich darzustellen, hatten Innovationsbremser im Konzern leichtes Spiel. Erst nachdem der Wolfsburger Konzern aufgrund des Abgasskandals tief in die Krise gerutscht war, wurde auf den akuten Handlungsdruck reagiert. Erst jetzt öffneten die Manager unter Führung des Vorsitzenden Matthias Müller die Augen. Was zutage trat, war mehr als nur ein Software-Betrug. Die chronische Renditeschwäche war schon seit Jahren ein zentrales Thema.

Noch dramatischer zeigt sich aber nun, wie fahrlässig der Konzern mit der Frage umgegangen war, wie der Wechsel zu einem Antrieb der Zukunft zu bewältigen ist. Dass die Ära der Elektromobilität angebrochen ist und neue Gestaltungskonzepte und Investitionen benötigt, wurde lange ignoriert. Mit einem radikalen Sanierungsplan, der unter dem Titel „Zukunftspakt" den Willen zum fulminanten Kurswechsel illustrieren soll, soll nun die Wende geschafft werden. Milliarden von Euro will das Management für den Ausbau alternativer Antriebe mobilisieren. Auch die Digitalisierung und Vernetzung der Autos erfordern großen Entwicklungsaufwand. Doch gleichgültig, ob VW der technologische Wandel gelingt oder nicht: Der Ruf des Unternehmens ist schwer angeschlagen. Laut dem Ranking „Best Global Brands" der Beratungsgesellschaft Interbrand verlor Volkswagen im Zuge der Krise fast zehn Prozent seines Markenwerts. (Dierig, C., 2016) Allzu lange am Bewährten festzuhalten, kommt teuer zu stehen.

Auch wenn Auto-Experte Ferdinand Dudenhöffer meint, „mit der Müller-Mannschaft hat VW bei der Elektromobilität die Nase vorne", schränkt der Professor doch ein, dass der Wandel sehr spät komme: „Fünf Jahre früher wäre sicher besser gewesen, der Konzern war lange blockiert." Ein Unternehmen müsse „schon sehr attraktiv sein, um gefragte Experten an den Mittellandkanal zu locken, die auch gute Job-Chancen in Berlin oder San Francisco hätten." (Deutsche Wirtschafts-Nachrichten, 2016) Ob Volkswagen tatsächlich noch die Attraktivität besitzt, um heiß begehrte Ingenieure mit Spezialwissen in den Konzern zu locken, ist zu bezweifeln. Wenn Lohnsteigerungen und Prämien in den kommenden Jahren weniger üppig fließen und der Leistungsdruck steigt, werden sich kluge Köpfe für alternative Karrierewege entscheiden. Denn auch das hat VW – und damit wären wir wieder bei dem Scheuklappendenken, das auch osmanische Herrscher pflegten – übersehen: In Deutschland waren Maschinen- und Automobilbau über Jahrzehnte die größten Märkte und die wesentlichen Innovationstreiber. Aber in Zeiten der Globalisierung ist längst neue Konkurrenz erwachsen. Die Dominanz ausländischer IT-Unternehmen werde zunehmend zu einem Standortnachteil für Europa, kommentiert Hubert Barth, Vorsitzender der Geschäftsführung des Beratungsunternehmens Ernst & Young, eine hauseigene Studie. Die Digitalisierung revolutioniere nicht nur den Alltag der Menschen, sondern auch den vieler Wirtschaftszweige. Barth verweist auf die starke Abhängigkeit Deutschlands von klassischen Industriebranchen und den Mangel an jungen Technologieunternehmen, die es bis an die Weltspitze schafften. (Papon, K., 2016) Wer das nicht zur Kenntnis nimmt, denkt wie die Beamten des Sultans und wird mit ihnen vom Fortschritt hinweggefegt.

Das Ignorieren technischer Trends geht für den Psychologen und Unternehmensberater Peter Pächnatz oft mit dem Beharren auf verkrustetem Dynastie- und Hierarchiedenken einher. Ob Ferdinand Piëch oder Martin Winterkorn: Beide VW-Manager scheiterten an ihrer Unfähigkeit, zeitgemäße Führung zu leben. „Der Umgang mit Fehlern ist für Führungskräfte und Mitarbeiter entscheidend für die Herausbildung einer leistungsfähigen und innovativen Vertrauenskultur. Genau diese hat Winterkorn mit seinem Führungsverhalten nicht gefördert. Das Ergebnis ist eine Kultur des Absicherns, Verschweigens und der Innovationsfeindlichkeit", meint Pächnatz. (Pächnatz, P., 2015) Wo die Profitgier der Aktionäre oder die Geltungssucht einzelner Manager im Mittelpunkt des unternehmerischen Handelns stünden, seien Kunden und Mitarbeiter nur Mittel zum Zweck. „Diese Art von Führung hat einen enorm hohen Verschleiß an Ressourcen und ist im Kern gefährlich unwirtschaftlich." (ebd.)

Perspektivisch denken und handeln bedeutet aber nicht, Traditionen über Bord werfen zu müssen. Zwei alteingesessene Unternehmen zeigen, wie der Spagat zwischen Vergangenheit und Zukunft gelingen kann. Das Technologieunternehmen Bosch erzielte im Jahr 2015 mit weltweit 70,6 Milliarden Euro den höchsten Umsatz der Firmengeschichte. Weil die Stuttgarter kontinuierlich in die kommenden Jahrzehnte investierten, erhielten sie 2005 und 2008 aus den Händen des Bundespräsidenten den Deutschen Zukunftspreis. 2014 zogen 1700 Bosch-Mitarbeiter in das neue Zentrum für Forschung und Vorausentwicklung in Renningen bei Stuttgart.

Solches Denken ist bei Bosch nicht neu. Schon 2009 investierte die Unternehmensgruppe rund 3,6 Milliarden Euro in Forschung und Entwicklung. Das entspricht einer sehr beachtlichen F+E-Quote von 9,4 Prozent. Jedes Jahr werden im Durchschnitt 3900 neue Patente angemeldet. Zu den neuen Bosch-Geschäftsfeldern zählt die Medizintechnik, die in einer immer älter werdenden Gesellschaft zwangsläufig boomen wird. China ist für das Unternehmen nicht nur ein wichtiger Markt, sondern auch ein bedeutender Produktionsstandort mit weit mehr als 34.000 Mitarbeitern.

Für Christof Bosch, Enkel des Gründers der Robert Bosch GmbH, hat sich der Mix aus Tradition und Fortschrittsdenken bewährt: „Das heißt, dass die Strategie stimmt, die Produkte hervorragend sind und dass Investitionen in die Zukunft möglich sind, dass das soziale Klima im Unternehmen stimmt und die technologische Ausrichtung zukunftsorientiert ist." (Kruschke, G., 2011) Dies seien Werte, die man nicht in Quartalsbilanzen ausdrücken könne. „Ich sehe den Zusammenhang zwischen dem, was mein Großvater wollte und dem, was heute geschieht und bin überzeugt, dass ihm das gefallen würde." (ebd.)

In Zeiten, in denen Geiz „geil" sein und Ramsch aus Massenfertigung den Konsumtrieb befriedigen soll, gewinnen Qualitätsprodukte aus Manufakturen an Anziehungskraft. Aber auch hier gilt: Tradition ist kein Selbstläufer. Dem schweizerischen Uhrenhersteller Patek Philippe ist es in den vergangenen Jahrzehnten immer wieder gelungen, Ästhetik und Klassik mit technologischen Innovationen zu verknüpfen. Das Modell Sky Moon Tourbillon Referenz 5002 gilt als die komplizierteste und teuerste Armbanduhr der Genfer Luxusuhrenmanufaktur. Von diesem Modell werden jährlich nur zwei Exemplare zu einem Verkaufspreis von knapp 700.000 Euro hergestellt. Die Uhren werden durch den Präsidenten von Patek Philippe, Philippe Stern, persönlich abgenommen. (Feth, G., 2012) Der Firmenchef weiß, dass Traditionen nur dann überleben, wenn sie auf Qualität fußen und mit unternehmerischer Weitsicht zukunftstauglich geschliffen werden: „Unsere Strategie ist nicht auf Sicht von drei, vier oder fünf Jahren ausgerichtet. Wir denken eher darüber nach, wo wir in zehn Jahren stehen, in 20 oder 25 Jahren." (Schmidtutz, T., 2015)

Die Osmanen waren – vom traditionsbewussten Islam herkommend – eine eher veränderungsfeindliche Dynastie. Mit dieser Haltung prägten sie die ersten Jahrhunderte des Reiches. Erst unter Selim III und später unter den Sultanen im 19. Jahrhundert öffnete sich das Reich zaghaft nach Europa. Allein es war zu spät. Während die Osmanen ihre Traditionen pflegten, ließen andere Staaten Aufklärung und Industrialisierung zu und entwickelten sich am Osmanischen Reich vorbei. Die Botschaft kann also nur lauten: Innovationen muss man nicht nur zulassen, sondern nach Kräften fördern.

These 5:

Nicht nur einzelne Menschen, sondern die ganze Menschheit profitiert vom Austausch. Selbstgewählte Isolation führt ins Hintertreffen.

Die Stärken der Osmanen zeigten sich dort, wo sie religiöse und kulturelle Engstirnigkeit überwanden. Als Kind der Renaissance verkörperte Sultan Mehmet II wie kein anderer osmanischer Herrscher Weltoffenheit, kulturelle Toleranz und Gespür für zukünftig wichtige Entwicklungen. Die gewaltsame Unterwerfung anderer Völker widersprach dabei keineswegs seinen Idealen. Mehmet II sah sich als Nachfahre der römischen Kaiser und damit nicht nur als oberster Militär, sondern auch als kultureller Botschafter. Als solcher ließ er seinen Statthaltern in den eroberten Gebieten große Freiheiten, ohne dabei ihr Handeln aus den Augen zu verlieren.

Dieses Vorgehen steht ganz im Gegensatz zu der menschenverachtenden Politik in den spanischen Kolonien nach der Eroberung Mittel- und Südamerikas. Die dortige Kolonialverwaltung war direkt der spanischen Krone unterstellt. Sie war straff organisiert und beruhte auf der Idee, die heimische Gesellschaftsordnung eins zu eins auf die Kolonien zu übertragen, notfalls mit Gewalt. Eine andere Besiedlungspolitik verfolgten die Engländer in Nordamerika. Die Siedler mussten sich zwar der britischen Krone unterwerfen, hatten aber von vornherein weitgehende Mitspracherechte bei der Verwaltung und genossen große Handels- und Gewissensfreiheit, die erst 1789 mit der gegen den Willen der Kolonie erhobenen Teesteuer endete. Diese Ansätze demokratischer Mitgestaltung – wenn auch nicht für die indigene Bevölkerung geltend – wirkten sich positiv auf die wirtschaftlichen Beziehungen und Erträge für das Mutterland aus.

Wer sich international nicht bewegt, sich auf seinen Lorbeeren und in seinen Landesgrenzen ausruht, verliert im sich verschärfenden Wettbewerb an Boden. Das gilt vor allem für den „War of Talents". Deutsche Personaler können ein Lied davon singen. Sie haben zunehmend Schwierigkeiten, weltweit gut ausgebildete Führungskräfte zu finden, weil ihnen häufig schlichtweg das Beschaffungs-Netzwerk fehlt. Analog zur lange währenden Abschottung der Osmanen gegenüber dem Westen fühlten sich auch deutsche Unternehmer über viele Jahrzehnte hinweg der internationalen Konkurrenz überlegen. Um kluge Köpfe anzulocken, reichte der Ruf deutscher Unternehmen aus („Made in Germany").

Mit der Globalisierung hat sich das dramatisch geändert. Rund die Hälfte der von dem Beratungsunternehmen Boyden Executive Search und der EBS Business School befragten Unternehmen gab 2013 im Rahmen einer Studie an, dass ihre Personalabteilung nicht in der Lage sei, die gewünschten Manager zu rekrutieren. „It becomes clear that around half of the german companies have difficulties in finding suitable, globalized managers. In the course of internationalization Human Resources have to come closer to the management of medium-sized companies and corporations. The manager's needs have changed through internationalization as well." (Boyden, 2015) Bewegen müssen sich aber nicht nur die Personalbeauftragten, auch die Manager selbst stehen in der Verantwortung. Denn immer wichtiger werden interkulturelle Kompetenzen, Soft Skills und verhandlungssichere Sprachkenntnisse. Nur in einem Drittel der befragten Firmen gab es Manager, die eine internationale Ausbildung durchlaufen haben. Und nur jedes fünfte Unternehmen sucht der Studie zufolge gezielt im Ausland nach guten Führungskräften. Gute Manager vermuten die Befragten vor allem in Asien, Europa und Nordamerika.

Als Schmelztiegel der Welt sind die Vereinigten Staaten zu ihrer heutigen Stärke gelangt. Bevor sich die Europäer des Kontinents bemächtigt haben, konnte dies nicht gelingen, denn die indigenen Völker Mittel- und Südamerikas lebten in strenger Abgeschiedenheit. Der ausbleibende Zustrom an fremden Menschen und neuen Gedanken mag mit dazu beigetragen haben, dass den altamerikanischen Kulturen keine lange Lebensdauer beschert war. „Geschlossene Eliten", schrieb ich 2013 angelegentlich der Analyse der Azteken (Stähli, A., 2013a, S. 175), „führen einer Gesellschaft kein neues Blut zu. Sie trocknen aus und führen sie in den Untergang." Anders war dies bei den Inka, wie ich gezeigt habe. Auch hier regierte eine Elite, aber sie war offen, denn zu ihr konnten auch Mitglieder des einfachen Volks aufschließen, wenn sie Leistung gezeigt hatten. (Stähli, A., 2013b, S. 103)

Isolation findet nicht nur räumlich statt. Sie äußert sich auch in kognitiven Prozessen, etwa wenn alternatives Denken ignoriert oder unterdrückt wird. So weitet sich in Deutschland erst jetzt, nach rund 60 Jahren, der Blick der Volkswirtschaftslehre. Seit den 1950er Jahren folgte das Fach methodisch dem von Milton Friedman ausgegebenen Dogma, dass Wirtschaftswissenschaftler in ihren Modellen nur harte ökonomische Argumente verwenden sollten. Doch „einseitige" Ökonomen sind blind für viele Phänomene. So ignorierten die Volkswirte viele Jahre lang die kulturelle Erfolgsfaktoren von Nationen. Heute gewinnt unter Wirtschaftswissenschaftlern immer mehr die Erkenntnis an Boden, dass das Fach seine selbst gewählte Isolation überwinden muss. „Wir müssen mehr mit unseren Kollegen aus der Psychologie, der Soziologie und der Neurowissenschaft reden", fordert etwa Yale-Ökonom Robert Shiller. (Storbeck, O., Häring, N., 2012)

Auch Anton Gunzinger, Computerwissenschaftler und Professor an der Eidgenössischen Technischen Hochschule (ETH) Zürich sorgt sich um die Globalisierung. Aber er nimmt die Herausforderung mit seiner Firma Supercomputing Systems an, und das sehr erfolgreich seit mehr als 20 Jahren. Die Hard- und Software-Branche kennt keinen Stillstand, die technologischen Entwicklungen sind rasant, der Wettbewerb fluider als in jeder anderen Branche. Das schreckt den gelernten Elektroingenieur nicht. Isolation und Abschottung sind für ihn Unworte. Eine Verlagerung seines Unternehmens kommt trotz des hohen Lohnniveaus für Gunzinger nicht in Frage. „Ich möchte gerne zeigen, dass wir in der Schweiz durchaus in einem sehr kompetitiven Markt wettbewerbsfähig sind. Das ist für mich ein Anliegen. Es geht einfach auch darum, zu zeigen, dass billig nicht einfach besser bedeutet." Die Strategie greift, sein Unternehmen wächst ständig. Die Entwicklung des superschnellen Computers „Giga Booster" machte den Bauernsohn aus dem Solothurner Jura in der ganzen Welt bekannt. Schon 1994 wurde Anton Gunzinger vom Time Magazine als einziger Schweizer als einer der 100 kommenden Leader auserwählt. 2001 wurde er als „Entrepreneur of the Year 2001" in der Kategorie Handel/Dienstleistungen ausgezeichnet. Aktuell treibt ihn die Energiefrage um. Seine Ziele sind keineswegs bescheiden, internationale Vergleiche scheut er nicht: Gunzinger will die Schweiz zum „energiepolitischen Paradies" auf Erden machen. „Wir Eidgenossen könnten im Umgang mit Ressourcen eine Vorreiterrolle einnehmen." (Sigrist, M., 2016)

Erst im späten 19. Jahrhundert reiste der erste Sultan nach Europa. Das ist symptomatisch für die osmanische Spielart der „splendid isolation", die kaum einen Ansatz von Industrialisierung zuließ. Seit dem Wiener Kongress klagten die Osmanen, Europa würde sie nicht ernsthaft als Nachbar in Betracht ziehen. Das mag sein. Die Europa fremde Religion ist allerdings nur ein Teil der Wahrheit. Die lange Zurückhaltung der osmanischen Herrscher gegenüber dem Kontinent dürfte der tiefere

Grund für das „Fremdeln" der Europäer mit dem östlichen Nachbarn sein. Es fällt schwer zu glauben, wäre der modernen Türkei aber zu wünschen, dass sie diese osmanische Tradition nicht wieder aufleben lässt.

KAPITEL 7

Epilog „alla turca"

Der Auflösungsprozess des Osmanischen Reiches setzte im
17. Jahrhundert ein. Wir haben gesehen, dass dafür innere
wie äußere Ursachen verantwortlich waren: der Bedeu-
tungsverlust der Janitscharen, die maroden Staatsfinanzen
als Folge der finanzpolitischen Unkenntnis und Ignoranz
der Sultane, die militärischen Bedrohungen durch das Habsburgische und später das Russische Reich sowie die Unab-
hängigkeitsbestrebungen vieler Ethnien im Staatsgebiet. Im
18. und 19. Jahrhundert trug der wachsende Nationalismus,
nicht zuletzt durch die Bewegung der Jungosmanen, und
das anhaltende Muskelspiel der europäischen Großmächte
ein Übriges dazu bei, dass es zu Beginn des 20. Jahrhunderts
schließlich so kam, wie es nach Ansicht vieler Historiker
kommen musste: Dem Druck der an ihm zerrenden Kräfte
konnte das Osmanische Reich nicht standhalten. Die Großmacht, deren Einflusssphäre einst von Österreich-Ungarn
bis an die Grenze zum Sudan und im Osten bis nach Persien reichte, dankte 1923 ab. Das Erbe übernahmen Mustafa
Kemal Pascha „Atatürk" und die neugegründete Republik
Türkei.

Die Langlebigkeit und enorme Ausdehnung des Osmanischen Reiches gestatteten ihm, einen autonomen osmanischen Kulturraum zu prägen, ähnlich dem Römischen
Imperium, als dessen Erbe es sich immer auch zu präsen-

tieren suchte. Doch das Bild des Westens von diesem Reich war über lange Zeit hinweg negativ. Zu der Unwissenheit gegenüber dem Fremden und der Furcht vor dem Bedrohlichen traten der Spott über den in Finanzdingen unbegabten Staat, den „kranken Mann am Bosporus" und die Verachtung für die ausgebliebene Aufklärung, gepaart mit scheelen Blicken aufgrund der nicht mitvollzogenen industriellen Revolution, schließlich Sorge vor der Ausbreitung der nationalistischen Bewegung im 19. Jahrhundert und generell die Ablehnung der „vormodernen" Staatsform des Sultanats. Nicht zu vergessen: die Religion. Während sich Europa im Christentum vereint fühlte, wurzelten der rasche Aufstieg und der Kampfgeist der osmanischen Soldaten im Islam. Allein das, so glaubten viele Europäer, machte es unmöglich, das östliche Reich in das kontinentale Orchester aufzunehmen. Die Tatsache, dass osmanische Nichtmuslime bis weit in das 19. Jahrhundert hinein Bürger zweiter Klasse blieben, trug noch mehr zur Entfremdung bei.

Dennoch muss man bei objektiver Betrachtung auch die Leistungen der Osmanen würdigen. Das Reich mehr als 600 Jahre ausgedehnt und zusammengehalten zu haben, verdient ebenso Anerkennung wie das Bemühen der Sultane um die Bildung ihrer militärischen, geistigen und kulturellen Elite. Die gegenwärtig in der Türkei zu beobachtenden Geschehnisse sprechen dieser Haltung Hohn und können wahrlich nicht auf die osmanische Tradition zurückgeführt werden.

Ob und in welcher Form die heutige Türkei an die große Zeit des Osmanischen Reiches aufschließen will, kann zum gegenwärtigen Zeitpunkt nur vermutet werden. Sicher ist freilich, dass sie gut daran täte, sich ihrer Geschichte in allen Facetten bewusst zu sein. Der Leser wird das Land daran messen.

Abbildungsnachweise

Literatur

Allianz AG (2017): Studie zur finanziellen Grundbildung in Europa: Wann fällt der Groschen? https://www.allianzdeutschland.de/allianz-studie-zur-finanziellen-grundbildung-in-europa/id_79696190/index. Abrufdatum 24.3.2017

Aswestopoulos, Wassilis (2016): Erdogans zunehmend aggressive Außenpolitik. In: Telepolis vom 14.11.2016. https://www.heise.de/tp/features/Erdogans-zunehmend-aggressive-Aussenpolitik-3464749.html. Abrufdatum 10.1.2017

Atasoy, Nurhan (2011): Harem. Istanbul 2011

Becker, Uwe (2017): Osmanisches Reich: Ausbildung und Karriere. http://www.osmanischesreich.de/kunst-kultur-1/rechtglaube/ilmiye-ii/. Abrufdatum 21.2.2017

Boom, Henk (2012): Der große Türke. Süleyman der Prächtige: Sein Leben, sein Reich und sein Einfluss auf Europa. Berlin 2012

Boyden (2015): Human resources manager fail at internationalization. https://www.boyden.com/media/human-resources-manager-fail-at-internationalization-590418/index.html. Abrufdatum 24.3.2017

Busbecq, Ogier Ghislain de (1589): Turcicae Epistolae. Les Lettres turque. Paris 2011

Crowley, Roger (2009): Entscheidung im Mittelmeer. Europas Seekrieg gegen das Osmanische Reich 1521–1580. 2. Aufl., Darmstadt 2016

Diamond, Jared (2012/13): Vermächtnis. Was wir von traditionellen Gesellschaften lernen können. Frankfurt 2012

Dierig, Carsten (2016): Markenwert von Volkswagen stürzt ab. In: Die Welt vom 5.10.2016 https://www.welt.de/wirtschaft/article158583147/Markenwert-von-Volkswagen-stuerzt-ab.html. Abrufdatum 30.12.2016

Duchhardt, Heinz (2014): Ohne Titel, Interview mit der Deutschen Presse-Agentur (dpa) am 16. 9.2014, http://www.maxweberstiftung.de/aktuelles/nachrichten/einzelansicht-nachrichten/

datum/2014/09/16/dpa-interview-mit-prof-heinz-duchhardt-zum-wiener-kongress.html. Abrufdatum 31.12.2016

Falk, Armin; Kosfeld, Michael (2004): Distrust – The Hidden Cost of Control, Discussion Paper No. 1203 July 2004. https://www.uni-bonn.de/die-universitaet/informationsquellen/presse-informationen/2005/134. Abrufdatum 9.1.2017

Faroqhi, Suraiya (1995): Kultur und Alltag im Osmanischen Reich. Vom Mittelalter bis zum Anfang des 20. Jahrhunderts. 2. Aufl. München 2003

Faroqhi, Suraiya (2000): Geschichte des osmanischen Reiches. 6. Aufl. München 2015

Feth, Gerd Gregor (2012): Einfach nicht zu haben. In: Manager Magazin, 5.9.2012. http://www.manager-magazin.de/lifestyle/hardware/a-851706.html. Abrufdatum 2.1.2017

Findley, Carter Vaughn (2005): The Turks in world history. Oxford 2005

Finkel, Caroline (2005): Osman's Dream. The History of the Ottoman Empire. New York 2006

Fink, Gerhard (2007): Culture: Organisations, Personalities and Nations. Gerhard Fink interviews Geert Hofstede. http://www.inderscienceonline.com/doi/abs/10.1504/EJIM.2007.012914. Abrufdatum 10.1.2017

Gürkan, Emrah Safa (2011): Die Osmanen und ihre christlichen Verbündeten. In: EGO Europäische Geschichte online. http://ieg-ego.eu/de/threads/buendnisse-und-kriege/allianzen-und-vertraege/emrah-safa-gurkan-die-osmanen-und-ihre-christlichen-verbuendeten. Abrufdatum 19.12.2016.

Herm, Gerhard (1993): Der Balkan. Das Pulverfaß Europas. Düsseldorf 1993

Herrmann, Ulrike (2015): Lernen von der Schweiz: In: Die Tageszeitung (taz) vom 25./26. März 2015

Hockling, Sabine; Leffers, Jochen (2015): Darf die Firma horchen und spähen? In: Spiegel online vom 1.9.2015. http://www.spiegel.de/karriere/ueberwachung-am-arbeitsplatz-darf-die-firma-horchen-und-spaehen-a-1049353.html. Abrufdatum 9.1.2017

Höhler, Gerd (2017): Zypern hofft auf Einheit. In: Rheinische Post vom 10.1.2017

Holle, Ulrich (2014): Deutsche Unternehmen vernachlässigen den eigenen Nachwuchs. In: Personalwirtschaft, Sonderheft 12/2014

Inalcik, Halil; Quataert, Donald (Hrsg.) (1994): An Economic and Social History of the Ottoman Empire. Vol. I: 1300–1600. 5. Aufl. Cambridge 2005

Inalcik, Halil (1973): The Ottoman Empire. The Classical Age 1300–1600. London 2000

Institut der deutschen Wirtschaft (IW) (2010): Interkulturelle Kompetenz als Erfolgsfaktor. In: IW-Kurzberichte, Nr. 2/2010. http://www.iwkoeln.de/studien/iw-kurzberichte/beitrag/unternehmenskultur-interkulturelle-kompetenz-als-erfolgsfaktor-53224. Abrufdatum 10.1.2017

Jäschke, Gotthard (1971): Kurtuluş Savaşı ile ilgili İngiliz Belgeleri (Englische Dokumente zum Befreiungskrieg). Ankara 1971

Jorga, Nicolae (Hrsg.) (1990): Geschichte des osmanischen Reiches. 5 Bände. Frankfurt 1990

Köprülü, M. Fuad (1992): The Origins of the Ottoman Empire. Albany 1992

Kreiser, Klaus; Neumann, Christoph K. (2003): Kleine Geschichte der Türkei. 2. Aufl. Ditzingen 2009

Kreiser, Klaus (2008): Der osmanische Staat 1300–1922. 2. Aufl. München 2008

Kreiser, Klaus (2017): Sterngucker, Hofärzte und gelehrte Kapitäne. In: Damals. Das Magazin für Geschichte. Heft 4, 2017. http://www.damals.de/de/16/Sterngucker-Hofaerzte-und-gelehrte-Kapitaene.html?issue=149526&aid=149511&cp=1&action=showDetails. Abrufdatum 26.3.2017

Kröger, Michael (2016): VW plant den Abbau von bis zu 30.000 Stellen. In: Spiegel online vom 18.11.2016. http://www.spiegel.de/wirtschaft/unternehmen/vw-plant-den-abbau-bis-zu-30-000-stellen-a-1121880.html. Abrufdatum 30.12.2016

Kruschke, Guido (2011): Kurzfristige Gewinnmaximierung nicht das Ziel. https://www.automobil-produktion.de/hersteller/

wirtschaft/interview-kurzfristige-gewinnmaximierung-nicht-das-
ziel-365.html. Abrufdatum 5.1.2017

Kürsat, Elcin (2003): Der Verwestlichungsprozess des Osmanischen
Reiches im 18. und 19. Jahrhundert. Bd. 1. Frankfurt 2003

Lehnartz, Sascha (2013): Frankreichs Abstieg – Sind die ENA-
Streber schuld? In: Welt online vom 25.11.2013 https://www.
welt.de/politik/ausland/article122243767/Frankreichs-Abstieg-
Sind-die-ENA-Streber-schuld.html. Abrufdatum 19.1.2017

Lindner, Rudi Paul (2009): Anatolia, 1300–1451. In: Fleet, Kate
(Hrsg.): The Cambridge History of Turkey. Bd. 1: Byzantium to
Turkey, 1071–1453. Cambridge 2009

Majoros, Ferenc; Rill, Bernd (2011): Das osmanische Reich. Die
Geschichte einer Großmacht 1300–1922. Hamburg 2011

Maksudoglu, Mehmet (2011): Osmanli History and Institutions.
Istanbul 2011

Marz, Rasim (2014): Das Osmanische Reich für Einsteiger. Nor-
derstedt 2014

Matuz, Josef (2006): Das osmanische Reich. Grundlinien seiner
Geschichte. 7. Aufl. Darmstadt 2012

Murphey, Rhoads (2011): The Ottoman Economy in the early
Imperial age. In: Woodhead, Christine (Hrsg.) (2011): The Ottoman World. New York 2013

Nicolle, David (2008): Die Osmanen. 600 Jahre islamisches Weltreich. Wien 2008

Ortayli, Ilber (2012): Das Osmanische Reich neu entdecken.
Frankfurt/M. 2012

o. Verf. (2004): „Münchner Urviech" mit patriarchischem Auftritt.
In: Rheinische Post vom 9.3.2004. http://www.rp-online.de/
sport/fussball/muenchner-urviech-mit-patriarchischem-auftritt-
aid-1.1567237. Abrufdatum 25.2.2017

o. Verf. (2013): Hollister-Mitarbeiter dürfen allein zur Toilette. In:
Der Spiegel vom 20.8.2013. http://www.spiegel.de/wirtschaft/
unternehmen/hollister-mitarbeiter-duerfen-ohne-aufpasser-zur-
toilette-gehen-a-917614.html. Abrufdatum 9.1.2017

o. **Verf.** (2016): Volkswagen schafft in der Krise wichtige Wende. In: Deutsche Wirtschafts-Nachrichten vom 21.11.2016. https://deutsche-wirtschafts-nachrichten.de/2016/11/21/volkswagen-schafft-in-der-krise-wichtige-wende/. Abrufdatum 30.12.2016

o. **Verf.** (2017): Die großen Kolonialreiche. In: wissen.de. http://www.wissen.de/die-grossen-kolonialreiche-1726-1750. Abrufdatum 22.3.2017

Pächnatz, Peter (2015): Gier frisst Hirn: Warum autoritäre Führungsstile scheitern und empathischer Führung die Zukunft gehört. https://personalerblog.com/2015/09/24/gier-frisst-hirn-warum-autoritaere-fuehrungstile-scheitern-und-empathische-fuehrung-die-zukunft-gehoert/. Abrufdatum 2.1.2017

Palmer, Alan (1992): Verfall und Untergang des Osmanischen Reiches. München 1997

Pamuk, Sevket (2000): A Monetary History of the Ottoman Empire. Cambridge 2004

Papon, Kerstin (2016): Das sind die wertvollsten Unternehmen der Welt. In: FAZ-net vom 29.12.2016 http://www.faz.net/aktuell/wirtschaft/unternehmen/ey-studie-das-sind-die-wertvollsten-unternehmen-der-welt-14596047.html. Abrufdatum 30.12.2016

Pohanka, Reinhard (2016): Das Osmanische Reich. Wiesbaden 2016

Rohan, Eugene (2015): The Fall of the Ottomans. The Great War in the Middle East 1914-1920. London 2016

Sancar, Asli (2014): Osmanische Frauen. Mythos und Realität. Frankfurt/M. 2014

Schlammerl, Elisabeth (2017): Löwen ohne Krallen. In: Die Zeit vom 26.1.2017. http://www.zeit.de/2017/03/fussball-1860-muenchen-insolvenz-investor-jordanien. Abrufdatum 24.3.2017

Schmidtutz, Thomas (2015): Patek-Chef Thierry Stern: Alles, nur keine Massenware. In: Börse online vom 11.1.2015. http://www.boerse-online.de/nachrichten/aktien/Patek-Chef-Thierry-Stern-Alles-nur-keine-Massenware-1000412928. Abrufdatum 22.2.2017

Schöllgen, Gregor (2000): Das Zeitalter des Imperialismus. Oldenburg 2000

Shaw, Stanford J. (1976): History of the Ottoman Empire and Modern Turkey. Volume I: Empire of the Gazis: The Rise and Decline of the Ottoman Empire, 1280-1808. Cambridge 1978

Sigrist, Marcel (2016): Anton Gunzinger: „Ich rationalisiere mich weg", SRF vom 7.6.2016 http://www.srf.ch/news/wirtschaft/anton-gunzinger-ich-rationalisiere-mich-weg. Abrufdatum 24.3.2017

Singer, Ann (2011): Imarets. In: Woodhead, Christine (Hrsg.) (2011): The Ottoman World. New York 2013

Stähli, Albert (2013a): Azteken-Herrschaft. Warum auch Eliten untergehen. Frankfurt/M. 2013

Stähli, Albert (2013b): Inka-Government. Eine Elite verwaltet ihre Welt. Frankfurt/M. 2013

Stähli, Albert (2016a): Die Mauren. Meister der Toleranz, Vielfalt und Bildung. Frankfurt/M. 2016

Stähli, Albert (2016b): Die Araber. Toleranz, Wirtschaft und Bildung im Namen des Islam. Frankfurt/M. 2016

Storbeck, Olaf; Häring, Norbert (2012): Was nun, Herr Smith? In: Handelsblatt vom 30.9.2012 http://www.handelsblatt.com/finanzen/konjunktur/oekonomie/nachrichten/die-krise-der-volks-wirtschaftslehre-was-nun-herr-smith-/7188670.html. Abrufdatum 24.3.2017

Ströhm, Carl Gustav (1998): Rußland zeigt sich wieder als Schutzmacht Serbiens. In: Die Welt vom 30.4.1998. https://www.welt.de/print-welt/article622509/Russland-zeigt-sich-wieder-als-Schutzmacht-Serbiens.html. Abrufdatum 6.1.2017

Weber, Max (1921/22): Wirtschaft und Gesellschaft. Grundriß der verstehenden Soziologie. Frankfurt 1921/1922

Werfel, Franz (1933): Die vierzig Tage des Musa Dagh. Köln 2016

Wittek, Paul (1938): The Rise of the Ottoman Empire: Studies in the History of Turkey, thirteenth-fifteenth Centuries. London 2012

Wüpper, Gesche (2016): So drillt Frankreich die Führungselite von morgen. In: Die Welt vom 3.8.2016 https://www.welt.de/wirtschaft/karriere/bildung/article157455431/So-drillt-Frankreich-die-Fuehrungselite-von-morgen.html. Abrufdatum 13.1.2017

Yerasimos, Stéphane (2000): Konstantinopel. Istanbuls histori-
sches Erbe. Köln 2007

Der Autor

Albert Stähli, Dr. rer. soz. oec., ist anerkannter Experte auf dem Gebiet der modernen Management-Andragogik und Autor mehrerer Bücher und Schriften zu diesem Thema. Um die Weiterbildung von Executives in der Wirtschaft und deren Berufsanforderungen entsprechend zu gestalten, gründete und leitete er die Graduate School of Business Administration (GSBA) in Zürich und Horgen am Zürichsee. Als passionierter Weltentdecker beschäftigt er sich seit vielen Jahren mit historischen Kulturen, unter anderen mit denen der Sonnenkönigreiche in Süd- und Mittelamerika, der nord- und westeuropäischen Ethnien sowie der arabischen und Turkvölker. Mit seinen Büchern und Vorträgen hat er sich auch außerhalb der Schweiz den Ruf einer Autorität erworben. Als gelernter Andragoge interessieren ihn ganz besonders die Bildungskulturen in den untergegangenen Reichen. Albert Stähli lebt nahe Zürich in der Schweiz.